Des

Meisters Weg.

Eine Darlegung des esoterischen oder gehei-
men Sinnes einer Anzahl Taten und Worte
Christi, dessen Kenntnis uns befähigt,
Ihm gleich zu werden: vollkommene
Söhne und Töchter Gottes, Brüder
und Schwestern des Meisters.

Von

Dr. phil. P. Braun

© Copyright: Irene Huber, Graz 2010
Verlag: Edition Geheimes Wissen
Internet: www.geheimeswissen.com
E-Mail: www_geheimeswissen_com@gmx.at

ISBN 978-3-902756-29-9

1. Der Sündenfall.

„Ich bin der Weg, die Wahrheit und
das Leben."

Es ist nicht meine Absicht, eine erschöpfende und ausführliche Abhandlung über den Charakter, das Leben und die Lehre Jesu zu schreiben oder das daraus hervorzuheben, was mir verständlich und nachahmenswert erscheint, sondern ich möchte hier nur dasjenige empfehlen, was zu befolgen der Meister im Grunde wünscht und was wirklich zum wahren Leben und zur Erlösung führt.

Die Erlösung der Menschheit konnte nicht von einem Einzelnen für alle anderen Menschen bewirkt werden, sondern sie ist ein Entwicklungsprozess, welchen jede Seele durchmachen muss. Nur in diesem Sinne war Jesus ein Erlöser der Menschheit. Er hat uns den Weg der Erlösung gezeigt. Er hat der Welt die Wahrheit gegeben in Bezug auf unsere Erlösung, indem er die Erlösung vorlebte, und er hat uns ein wunderbares Leben der Liebe und Aufopferung gezeigt, welches das Mittel und das Endziel der Seligkeit zugleich ist.

Er starb, damit andere von ihm zu leben lernen sollten, und dennoch kann sein Tod am Kreuze einen anderen Menschen nicht erlösen, ihn von seinen Sünden nicht frei machen. Die Worte „Leben" und „Tod" müssen hier nicht so wörtlich als die Verbindung mit und die Losbindung der Seele von dem tierischen Leibe genommen werden, sondern in den meisten Beispielen, welche der Meister gebraucht, bedeuten sie zwei verschiedene geistige Zustände. „Tod" bezeichnet Dunkelheit, Unwissenheit und das tierische oder sinnliche Dasein. Der „fleischlich", „sinnlich" denkende Mensch befindet sich im Zustand des geistigen Todes. Er befindet sich damit gleichzeitig in der Hölle, weil er in seiner Blindheit beständig Ursachen in Bewegung setzt, aus welchen nur Krankheit und Elend erfolgen kann.

„Leben" im weiteren Sinne ist gleichbedeutend mit Licht, Weisheit, Erkenntnis geistiger Wahrheiten, Liebe zu allem Erschaffenen, und der Vorsatz, durch das eigene Leben, als lebendes Beispiel, diese Wahrheiten vorzuleben. Dieses alles führt die Seele in einen Zustand, welchen man Himmel oder Seligkeit nennt. Hat der Mensch erst alle Gesetze seiner eigenen Natur verstehen gelernt, und unterwirft er sich ihnen vollständig und ohne Rückhalt, so muss ihm daraus eine Glückseligkeit und ein Frieden erstehen, die dem fleischlich gesinnten Menschen vollständig unbekannt bleiben.

Der „Sündenfall" hat eine tiefere Bedeutung als man gewöhnlich anzunehmen pflegt. Ein gutes Verständnis der eigentlichen Natur dieses „Falles" wird uns behilflich sein, die wahre Natur unserer „Erlösung" verstehen zu lernen.

Die meisten der heiligen Schriftsteller sind Menschen mit sehr klaren Anschauungen gewesen. Es wurde ihnen aber schwer, die Wahrheiten, welche sie erkannt hatten, in der gewöhnlichen Volkssprache auszudrücken. Die meisten okkulten Schriftsteller von heute haben mit denselben Schwierigkeiten zu kämpfen. Wie schon Bungan und andere Schriftsteller vor und nach ihm, ziehen sie es vor, ihre Gedanken und Ideen in Parabeln und Allegorien wiederzugeben. Das war auch die Art und Weise, wie Jesus das gewöhnliche Volk unterrichtete. So ist auch der unentwickelte Verstand befähigt worden, einige der notwendigsten und schwierigsten Lehren begreifen zu können.

Aber der Kern oder der innere Sinn dieser Lehren konnte nur von dem erfasst werden, der eine scharfe geistige Auffassung besaß, und der sein Verständnis genügend entwickelt hatte. Dem fleischlich Gesinnten oder dem sinnlichen Verstande sind die geistigen Wahrheiten nur Narrenspossen. Während sie von der erweckten Seele als die reinen Strahlen eines höheren Lichts erkannt werden, erscheinen sie dem Weltweisen als tiefe Dunkelheit. So ist es nicht zu verwundern, dass die Auslassungen der erleuchteten und göttlich inspirierten Schriftsteller der Bibel nach dem Buchstaben ausgelegt worden sind.

Gerade so, wie der Wolf, der Esel, der Kobold, die Fee für das Kind, welches die betreffenden Märchen liest, reale Figuren geworden sind, und im Grunde doch nur personifizierte Ideen darstellen, so sind die Schlange, der Teufel, der Wallfisch usw. als reale Figuren aufgefasst worden, während sie in Wirklichkeit nur gewisse Wahrheiten bedeuten.

Die Geschichte vom Sündenfalle zerfällt in zwei Teile. Der erste Teil erzählt uns von dem Falle der Engel, an deren Spitze Luzifer, der Lichtbringer stand, und der andere führt uns die Versuchungen des ersten Menschenpaares in den vor Augen. Lasst uns die beiden Akte dieses Dramas nacheinander betrachten.

Es ist nur ein Gott. Er ist alles, was es gibt. Was immer da ist, muss von ihm herrühren, oder eine Manifestation seiner selbst sein — und wenn etwa ein Teufel da war, so musste auch dieser göttlichen Ursprungs sein. Die Bibel erklärt Gott für den Schöpfer „des Himmels und der Erde", von Höhen und Tiefen, von Tag und Nacht, von Gutem und

Bösem. Er ist die Ursache von Licht und Dunkelheit, von Geist und Materie. Das, was von ihm ursprünglich ausströmte, war reines Licht. Dieses Licht stellt sich uns in zweifacher Gestalt dar: als Liebe und Wahrheit, oder als Wärme und Licht. Als das zentrale oder ursprüngliche Licht enthält es alle Farben und Elemente, welche sich Später in den Kräften und Wundern der Schöpfung uns darstellen. Indem Gott der Einige sich manifestiert oder offenbart, zeigt er sich selbst in seinen abgesonderten Teilen, welche durch ihre Auflösung und Wiederzusammensetzung das Weltall gebären. Luzifer war solcherart die erste Emanation Gottes, welche von ihm ausging, um sich in den Kreislauf seiner Evolution zu begeben. Es ist Gott selbst, der Logos, das Wort, „ohne welches nichts gemacht worden, was gemacht ist." Gott individualisiert sich selbst durch diese Trennung. Er scheidet sich von sich selbst und objektiviert sich dadurch selbst. Er wird sein eigener Sohn. Als erste Quelle alles Seins ist er der Vater, als Wirkung dieser Urquelle ist er der Sohn. Das, was Vater und Sohn verbindet, ist die schöpferische Urkraft — der Heilige Geist. Diese drei sind nur verschiedene Darstellungen des einigen Gottes. Sie sind Eigenschaften der Gottheit, welche in der orthodoxen Theologie personifiziert und als drei verschiedene Formen dargestellt werden.

Diese Emanation Gottes, welche aus ihm hervorging, um ihn zu objektivieren oder manifestieren, muss, indem sie das tut, werden „wie Gott", das heißt: sie wird und muss ihn schließlich vollkommen, in seiner ganzen Fülle offenbaren. Es ist dies eine Notwendigkeit. Aber die heiligen Schriftsteller haben den Sündenfall als einen Akt des Ungehorsams dargestellt. Es gibt dort Zank und Streit im Himmel, und Luzifer mit seinem Gefolge wird schließlich aus dem Himmel vertrieben. Dieses Bild symbolisiert die Veränderungen, welchen der ursprüngliche Gottgeist bei seinem Herabsteigen in die Materie unterworfen wird. Es ist in der Tat ein Fall, aber derselbe war eine Notwendigkeit und stellt gleichzeitig den Beginn der Erlösung dar. Obgleich dieser in die Materie hinabsteigende Geist scheinbar seine ursprüngliche Macht und Kraft verliert, ist dies doch in Wahrheit nicht der Fall. Die Zeit kommt, wo die schlafenden Kräfte erwachen und „der Herr" in seiner ganzen Macht und Herrlichkeit wieder aufersteht.

Als herniedersteigender Geist ist er Luzifer und als Schöpfer, als die aus der Materie erlösende Kraft ist er der Logos, der Christus, der Erlöser, der „eine Gott in allem und durch alles." Denn es ist kein anderer Gott neben ihm. Alles, was ist, ist von ihm oder durch ihn ins Dasein gerufen. Das, was er hervorbringt, sind individualisierte Darstellungen von besonderen Elementen der Ursprungsquelle, deshalb sind sie auch begrenzt. Das Unbegrenzte oder Allmächtige wird begrenzt; das Unbedingte und Absolute wird bedingt und relativ. Die verschiedenen Dinge und Wesen der Schöpfung, obzwar eins mit der unendlichen Quelle der Weisheit und Macht, beherbergen nur noch einen begrenzten Teil dieser Kräfte. — Das Zersetzen und Wiederaufbauen der verschiedenen Stoffe erfordert einen Wechsel, und dieser Wechsel wiederum bringt Erfahrung. Das Bewusstwerden dieser Erfahrungen nennen wir Erkenntnis, solches Bewusstsein, wenn im Individuum stets gegenwärtig, wird dann zur bewussten Erkenntnis.

Alle die mannigfaltigen Veränderungen und Fortschritte, welche diese Erde durchgemacht hat, sind auch der geistigen Substanz, welche dieselbe durchdringt und umgibt, mitgeteilt worden. Diese erfahrungsgemäße Erkenntnis geht der Weltseele niemals verloren, — und der Mensch, diese auserlesene Blume der Erde sowohl als auch des Himmels, dieses Erzeugnis beider, des Geistes und der Materie, ist das Endergebnis oder der Inbegriff von der von unserer Mutter Erde erlangten Erkenntnis. Er ist also eine fleischgewordene

Erkenntnis, zu großem Teile aber eine unterbewusste Erkenntnis. Der Mensch, wie er jetzt ist, ist das Resultat der Lebensentwicklung auf dieser Erdkugel, und die menschliche Gestalt oder der menschliche Körper eine objektive Darstellung des menschlichen Wesens.

Alle die im Laufe der Zeit erworbenen Triebe, Neigungen, Gewohnheiten und Leidenschaften werden durch bestimmte Organe dargestellt, durch welche jene ihren Ausdruck finden. Beim Menschen tritt nun zu dieser Fähigkeit, die früher erworbenen Triebe und Neigungen zum Ausdruck bringen zu können, noch das Vermögen, auch die während seines Körperlebens gemachten Erfahrungen und gewonnenen Eindrücke sich ein- und aufzuprägen. Er hat nun außer der unterbewussten Kenntnis, welche er mit der Weltseele teilt, ein Empfindungsvermögen oder Sinnenbewusstsein entwickelt, welches das Resultat seiner gegenwärtigen oder neueren Erfahrungen ist. Seine fünf Sinne tragen ihm jetzt fortwährend Eindrücke aus der äußeren Welt zu, welche ihm die mancherlei Einschränkungen, welche ihm diese Welt bietet, zum Bewusstsein bringen. Seine Aufmerksamkeit ist fast ausschließlich auf die äußere Welt und auf seinen eigenen Körper, welcher ihm die Kenntnis von der äußeren Welt übermittelt, gerichtet, und er identifiziert sich schließlich mit dieser eng begrenzten Welt. Diese geringe Kenntnis, welche er von jenem äußeren Reich erlangt, macht sein Sinnenbewusstsein aus. Indem der Mensch in die Materie herabsteigt, wird für diese Zeit sein ursprüngliches Bewusstsein, ein Bewusstsein der Weisheit und Macht, ausgelöscht. Er vergisst seinen göttlichen Ursprung und dass er ehemals göttliche Kraft besessen, ja er vergisst sogar, dass er Geist ist. — Das ist der „Fall", der Zustand des Verlorenseins, aus welchem er wieder erlöst werden muss. Obgleich sein Geist mit dem Universalgeiste eins ist, so ist er doch von ihm getrennt — nicht in Wirklichkeit, wohl aber im Bewusstsein. Er befindet sich also bloß in einem Zustand der Unwissenheit, einem niederen Geisteszustand, wenn Unwissenheit so genannt werden kann. Da nun die Ursache dieses gesunkenen Zustandes des Menschen eine geistige ist, so muss auch das Heilmittel dafür oder die Erlösung daraus geistiger Natur sein, und so wie des Menschen Fall die Erinnerung an die ursprüngliche Wahrheit und Weisheit in ihm ausgelöscht hat, so wird auch das Wieder-Erinnern, das Wiederaufleben der alten vergessenen Wahrheiten, seine Wieder-Erlösung zur Folge haben. Der Mensch, eine persönliche Offenbarung Gottes, muss aber sein wahres Selbst erst wieder kennen lernen, dann wird er im Bewusstsein mit dem Vater wieder vereinigt werden. Dies ist der einzige Zweck und das einzige Ziel der Religion. Sogar das lateinische Wort *religere*, von welchem der Ausdruck Religion abgeleitet ist, bedeutet: wieder verbinden, zurückbinden an Gott, und zwar dasjenige, was (im Bewusstsein) von ihm losgelöst worden ist. Alle Religionen, welche dieses Ziel erstreben, sind wahre Religionen, und alle, welche der Menschheit solche vergessenen geistigen Wahrheiten zur Kenntnis gebracht haben, sind Heilande und Erlöser. Jesus brachte der Welt solche Wahrheiten, und deshalb ist er unser Erlöser. Andere haben der schmachtenden Welt wertvolle Bruchstücke geistiger Wahrheiten gebracht, aber keiner hat ihr jemals eine solche Fülle vollendetster Offenbarungen geboten, wie Er. Der wahre Christus ist der Geist Gottes selbst, und Jesu wurde dieser Gottesgeist einverleibt und kam in ihm zum vollkommensten Bewusstsein und Ausdruck.

Der universale Gottesgeist oder Christus befindet sich in allen Menschen, aber den meisten Menschen ist er noch nicht zum Bewusstsein gekommen. Er ist „der Meister, welcher schläft." Wenn im Menschen das Bewusstsein von dem Vorhandensein des wahren Geistes, von dem Christus in ihm, erwacht, dann vollzieht sich in ihm die Wiedergeburt des Geistes, von welcher Jesus spricht. Seine erste Geburt geschieht in die Stoffwelt und in das Sinnenbewusstsein hinein. Hier ist er gefallen. Durch die Wiedergeburt wird er errettet: der Christus ist dann in der Seele des Menschen geboren oder auf erstanden.

Der Fall Adams und Evas wird auf verschiedene Weise ausgelegt. Wir wollen hier eine Auslegung betrachten, welche mir inspirativ geworden ist.

Das Wort „Adam" bedeutet „Mensch der roten Erde", und gilt nicht für eine einzelne Person, sondern für eine ganze Rasse. Es bezeichnet den Menschen als ein in einem niederen Zustand sich befindendes Wesen, welches sich ausschließlich mit den Dingen dieser Erde beschäftigt. Dieser Mensch strebte anfänglich — vor der Entwicklung seines Intellekts — nur nach sinnlichem Genuss und sinnlicher Zufriedenheit, was für ihn „Eden" bedeutete. Er konnte sich seines tierischen Lebens in vollstem Maße erfreuen, ohne irgendwelche Strafen für die Übertretungen göttlicher Gesetze gewärtigen zu müssen, weil er von seinen Instinkten, welche sich aus den von seiner Gattung gemachten Erfahrungen heraus entwickelt hatten, sicher geleitet wurde. Er konnte an allen tierischen Lüsten ungestraft teilnehmen — aber mitten im Garten, das heißt in ihm selbst, da stand der Baum des Lebens, von dessen Früchten er nichts ungestraft, nichts ohne ernsteste Bedrohung seines gegenwärtigen tierisch-glücklichen Zustandes genießen konnte. — Eva bedeutet das weibliche oder empfängliche Prinzip im Manne. Sie stellt ein Symbol der Seele dar, welche durch die Fähigkeit der Einwärtskehrung mit der Schlange oder der höheren geistigen Weisheit in Berührung kommt. Der Mensch nimmt nun die Weisheit, die Frucht an, welche ihm durch seine innere Erkenntnis angeboten wird. Sobald er aber geistige Wahrheiten zur Genüge an- und aufgenommen hat, wird er in rauer Weise aus seinem paradiesischen Traume geweckt. Er wird damit für immer aus seinem rein tierischen Zustand ausgestoßen und auf die unterste Stufe des menschlichen Daseins getrieben. Er, der vorher nur das Gute gekannt hatte, lernt nun auch das Böse kennen. — Die ersten Versuche seines erwachenden Verstandes führen ihn in alle möglichen Irrtümer, welche in größerem oder geringerem Gegensatz zu seiner höheren Natur stehen. Die seine Irrtümer und Fehler begleitenden unangenehmen Folgen sind die Dornen und Disteln, welche sein Los sind, bis der Erlöser kommt.

Der Torweg, welcher zu dem alten Eden führt, ist jetzt für immer für ihn verschlossen. Die höhere Weisheit wird aber lange Zeit in den Staub getreten, bis endlich ein Weib, die Maria, welche eine vollkommene Entwicklung der Eva, der Seele ist, der unglücklichen Vermischung der Weisheit mit dem Staube dadurch ein Ende machen wird, dass sie ein höheres, vollkommeneres Verständnis der Wahrheit gebären wird. Dann wird die Schlange aufgehoben und erhöht werden, und alle, welche sie sehen, werden erlöset werden.

Adam fiel, aber sein Fall war eine Notwendigkeit, und eine erste Stufe in dem Prozess menschlicher Höherentwicklung — es war ein Fall aufwärts. Er hat den Menschen zum Kreuz und zu seiner wunderbaren Auferstehung geführt. —

11

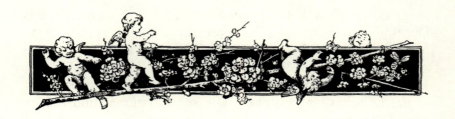

2. Die Wiedergeburt,

oder die Geburt Christus in uns.

Swedenborg behauptet, dass den Darlegungen der hl. Schrift ein dreifacher Sinn innewohne, und zwar ein buchstäblicher (natürlicher), ein geistiger und ein himmlischer Sinn. Vieles in der Bibel muss unzweifelhaft als eine allegorische (verblümte) Darstellung von Grundsätzen angesehen werden. Wir werden hier versuchen, einige von den Vorkommnissen im Leben Jesu in diesem verblümten oder geistigen Sinne zu betrachten. Damit möchten wir nicht in Abrede stellen, dass dieselben auch einen buchstäblichen Sinn haben oder haben können. Wir möchten denselben aber aus unserer vorliegenden Abhandlung ausschließen. — Der Leser wird finden, dass die Schriften des neuen Testamentes viele wertvolle und herrliche Lehren für ihn enthalten, wenn er die Berichte über Jesu Geburt, Leben und Taten als eine verblümte Beschreibung der Entwicklung und Entfaltung seiner eigenen Seele ansieht.

Wir wissen, dass manche der Meinung sind, Jesus habe niemals gelebt. Zu diesen gehören wir nicht. Es muss irgendjemand gelebt haben, welcher der Welt diese herrlichen Lehren gegeben hat. Es lebte jemand, welcher durch sein Leben, seine Werke und seine Lehren dem Menschengeschlecht ein hoher Leitstern wurde, ein Vorbild, welches niemals von einem anderen übertroffen worden ist. Es hat jemand gelebt, welcher uns dem Guten zugeführt und ein erhabenes Beispiel zur Nacheiferung für ungezählte Millionen von Erdenkindern geworden ist. Lasst uns dies nicht leugnen, aber auch der Welt beweisen, dass das Christus-Ideal ein in das Leben übertragbares ist und von jedem unter uns zur Tatsache gemacht werden kann, wenn er ernstlich danach strebt. — — —

Wir haben in unserer vorigen Abhandlung gesehen, dass die Seele eine Zeit lang in die Materie und das Zeitliche versinken kann. Über die Dinge dieser Welt und die mancherlei Eindrücke, welche auf sie einwirken, vergisst sich die Seele selbst und das göttliche Königreich in ihr kommt in Vergessenheit. Sie lässt sich hypnotisieren oder seelisch beeinflussen durch die Eindrücke, welche ihre physischen Sinne ihr aus dem Reiche der groben Materie zutragen. Sie glaubt sich schwach und beschränkt, während sie in Wirklichkeit beinahe unbegrenzte Macht besitzt. Sie ist nur deshalb in der Offenbarung und Ausübung ihrer inneren Kräfte behindert, weil sie sich beschränkt glaubt.

Die Entwicklung des Menschen geht mit der Entwicklung seiner Glaubens-Anschauungen Hand in Hand. „Ohne Glauben könnet ihr nichts tun." Jesus glaubte, dass er große Werke verrichten könne, und seine Kräfte wirkten seinem Glauben entsprechend. Seine Jünger ermahnte er beständig, Glauben zu haben an ihre innere Kraft, wie er ihn selbst besaß. Er wünschte sie zurückzuführen zu dem ursprünglichen, göttlichen Bewusstsein, welches jede Seele mit der Gott-Seele teilt, bevor sie sich zu einem abgesonderten Wesen entwickelt. Sie sollten damit in eine neue Welt des Bewusstseins und des Gefühls eingeführt werden, eine Welt, in welcher die Seele eine Zeitlang ein Fremdling geworden war.

Der Seele erste Geburt geschah in eine grobstoffliche Welt und in ein entsprechendes Sinnenbewusstsein. Die zweite Geburt ist eine Rückkehr in das Vaterhaus, wo sie — vor ihrer Wanderung in ein fremdes Land — alles mit dem Universal-Vater-Muttergeiste teilte, was dieser besaß, aber sie teilte mit der Universalquelle alles nur in dem Sinne, wie ein Wassertropfen alle Eigenschaften besitzt, welche die ganze Wassermenge um ihn herum hat. Durch die Geburt in die grobe Stoffwelt entwickelt sie sich als Individualität, wie eine getrennte Wesenheit. Um dieses zu können, ist es notwendig, dass sie für eine Zeit alle ihre früheren Beziehungen zu ihrer Quelle vergisst. Nach und nach beginnen dann ihre Schlummernden Kräfte und verborgenen Möglichkeiten sich zu offenbaren, in dem Maße, wie sie sich ihrer bewusst wird. Dieses Wiedererwachen, dieses Sichbewusstwerden der in ihr ruhenden Möglichkeiten, beginnt intuitiv, durch ein wahrnehmbares Fühlen, durch einen halb unbewussten Antrieb, welcher sie veranlasst, Anstrengungen zu machen, um die in ihr neu geborene Sehnsucht zu befriedigen. So weisen alle unsere höheren Ideale, wie das Leben in der schwellenden Knospe, auf solche verborgenen Möglichkeiten hin, welche nach Verwirklichung drängen.

In dieser Weise wird das höhere göttliche Bewusstsein in uns geboren.

Die Seele ist die unbefleckte Jungfrau, welche vom heiligen Geiste oder dem göttlichen Urgrunde befruchtet wird, welcher beständig sagt: „es werde." Dieser göttliche Keim wächst eine Zeit lang und reift unbewusst, bis er eines schönen Tages zum Vollbewusstsein sich ausgewachsen hat. Das ist dann für die Seele ein Tag des Glücks und der Freude. Das göttliche Kind wird unter tierischen Leidenschaften geboren, welche durch Ochsen und Esel dargestellt werden. Der Ort der Geburt ist ein Stall, welcher zuvor der tierischen Natur zur Behausung gedient hat. Aber nun gibt es Freude in den Reichen des Geistes. Die höheren Kräfte jubilieren über die Geburt des Kindes, welches der Erlöser der Menschen werden wird. Sie wissen, dass es zu seiner Zeit allem gegenwärtigen Streit und aller Unordnung ein Ende machen und alles zur göttlichen Harmonie zurückführen wird, und sie verkünden den Frieden und den guten Willen, der unter allen Menschen herrschen wird. Die innere Erkenntnis, dargestellt durch die Schafhirten, betet das Kind an, ebenso die weisen Männer aus dem Morgenlande — des Menschen bessere Fähigkeiten, — welche noch „fremde" Besucher sind, die nur dann und wann kommen.

Aber die Geburt und das Gedeihen des Kindes sind von vielen Gefahren begleitet. Dem seitherigen Könige des Landes, Herodes nämlich, welcher das Sinnenbewusstsein darstellt, wird von den höheren Geisteskräften erzählt, dass ein neuer König geboren worden sei und er befürchtet, dass leine eigene Herrschaft damit zu Grunde gehen könne. Er trachtet daher dem Kinde nach dem Leben. Das Kind aber geht eine Zeit lang weg in das Land Ägypten, was Dunkelheit bedeutet. Obgleich es nun verborgen lebt, ist es nicht verschwunden, und es wird zur rechten Zeit wiederkommen und seinen Einfluss geltend machen. Wenn es dann zurückkommt, ist es noch ein Kind und unreif. Es lernt das Gebot des Gehorsams, seinem Vater und seiner Mutter, der Seele und dem Geiste gegenüber. Es führt Gespräche mit dem Verstande, durch die Priester und Lehrer im Tempel dargestellt, welche seine Weisheit eine Zeit lang bewundern, sich aber gegen ihn wenden und ihn zu vernichten trachten, sobald der Christus mit seiner wahren Mission hervortritt.

Unsere Aufgabe ist nicht schwer zu erlernen, aber es wird uns oft recht schwer, sie im Leben anzuwenden. — Wir lernen aus diesen Begebenheiten im Leben Jesu, dass wir, sobald wir durch die ersten schwachen Anzeichen auf unsere wahre Natur und die in uns schlummernden Möglichkeiten aufmerksam gemacht worden sind, wir sie sorgsam hüten und pflegen müssen. Wir müssen danach trachten, gegen die Blendwerke unserer Verstandesweisheit, welche jene widerlegen wollen, zu streiten. Wir müssen danach trachten, uns selbst von unseren schlechten Gewohnheiten zu befreien und unsere tierischen Triebe einzuschränken, und sie nur so weit gewähren zu lassen als sie unbedingt notwendig und berechtigt sind. Wenn die Seele ihnen bisher erlaubt hatte, über sie zu herrschen, muss sie jetzt selbst die Herrschaft übernehmen, was ihr Recht und ihre Pflicht ist. Sie wird dieses nicht ohne Kampf tun können, aber durch diesen Kampf wird sie an Kraft gewinnen.

In der Regel haben wir es vornehmlich mit unserem physischen Verlangen zu tun. Dieses brauchen wir nicht ganz zu unterdrücken, wir müssen es aber scharf beaufsichtigen und ihm nur in der Art und bis zu solchem Grade nachgeben, wie es die Natur selbst fordert. Die Natur hat die Befriedigung unserer natürlichen Triebe angenehm für uns gemacht, weil sie für das Wohlbefinden unseres physischen Körpers notwendig ist. So lange wir von ihnen nun mäßigen Gebrauch machen, benutzen wir sie zweckmäßig, doch wenn wir sie auf unnatürliche Weise oder im Übermaß gebrauchen, fügen wir dem Körper und der Seele Schaden zu, und das ist eine Sünde, welche die Natur uns nicht vergibt. Sie belegt nämlich jede solche Sünde mit Schmerzen und Krankheiten, und zeigt uns damit an, dass wir gegen ihre Gesetze verstoßen haben. Es ist das ihre Art, uns zu sagen, dass wir unrecht getan haben; sie sind eine Warnung für uns, ihren Gesetzen künftig gehorsam zu sein, und ihre Gesetze sind auch unsere Gesetze, die Gesetze unseres Seins und Werdens.

Wir werden aber von der Natur nicht deshalb gestraft, weil sie „allem was sie geschaffen hat, feindlich gesinnt ist und es wieder zu zerstören sucht", wie Darwin sagt, sondern weil sie uns liebt und uns zum Verständnis und zur Befolgung der Gesetze unserer Selbsterhaltung anleiten will. Wir befolgen diese Gesetze, wenn wir unsere natürlichen Bedürfnisse in richtiger und vernünftiger Weise befriedigen; wir übertreten sie und zerstören uns selbst, wenn wir uns zu sehr gehen lassen. Überessen, des Genießen ungeeigneter Nahrung, der Genuss berauschender Getränke, rauchen, geschlechtliche Ausschweifungen usw. sind unnatürlich; und wir haben ihre üblen Folgen zu tragen, — nicht, weil ein zorniger und rachsüchtiger Gott uns für die Übertretung seiner von ihm aufgestellten Gesetze bestrafen will, sondern weil wir den Gesetzen unserer Selbsterhaltung zuwider gehandelt haben. Die Natur sagt zu dem Sünder: „Wenn du nicht hören willst, musst du fühlen, damit du durch die Strafe klüger wirst." Können wir sie deshalb tadeln? — Statt sie zu verleumden, wie es z. B. Huxley tut, und sie ein Ungeheuer zu nennen, das in seinem Busen keinen Funken von Gerechtigkeit, Liebe und Menschlichkeit birgt, sollten wir ihre Weisheit bewundern und ihre Lehren freudig an- und aufnehmen, da wir uns damit unser eigenes Glück aufbauen. Das letzte Ziel, welchem sie uns zuführen will, ist doch nur Freiheit und Glück, und wenn sie uns, je nach Notwendigkeit, Freuden ober Schmerzen bringt, so geschieht es zu dem alleinigen Zweck, uns diesem Ziele näher zu bringen. Auf der einen Seite lockt sie uns und auf der andern verwundet sie uns, aber in allen Fällen ist Liebe die Triebfeder ihres Handelns, ob wir es nun erkennen oder nicht.

Der unnatürlichen und unverständigen Befriedigung unserer Neigungen muss nicht nur deshalb Einhalt getan werden, weil sie unserem Körper schädlich sind, sondern besonders auch deshalb, weil sie unsere Seele schädigen. Wir schwächen unsere Seele, wenn wir uns von unseren Leidenschaften beherrschen lassen. Wir werden feige Memmen, weil uns er Wille gelähmt wird, gerade so, wie die Seele eines Hypnotisierten willenlos wird, wen sie fortgesetzt dem Willen eines anderen unterworfen wird. Die Welt ist mit einer Menge willensschwacher und erfolgloser Personen angefüllt, — nicht, weil die Natur so viele derartige Personen hervorbrachte, sondern weil diese ihr natürliches und göttliches Recht, „über ihre Leidenschaften zu herrschen" nicht ausüben. Es ist sehr wahr, was die Bibel sagt: „Wer da hat (und es mit Verständnis [und dem nötigen Willen] gebraucht), dem wird mehr gegeben." Wir können ohne Aufwendung von genügender Willenskraft widrige Verhältnisse nicht überwinden, und wir können unseren Willen nicht entwickeln, ehe wir nicht gelernt haben, in allen Gebieten unserer menschlichen Natur zu herrschen.

Nach den sinnlichen Trieben entwickeln sich Verstand, Gedächtnis und Gemütsbewegungen oder Gefühl. Da die Gemütsbewegungen infolge unserer Gedankenarbeit sich einstellen, müssen wir uns klar werden, welcher Art von Gedanken wir ständig Raum geben sollen. Wir kennen alle die Wirkungen der sogen. negativen Gemütsbewegungen, wie Furcht, Ärger, Eifersucht, Bosheit usw.; diese haben einen schädlichen Einfluss sowohl auf den Körper wie auf den Geist. Die Gefühle, welche dieselben in uns erregen, sind entschieden unangenehmer Natur, und daraus können wir ersehen, dass sie sich nicht in Übereinstimmung mit den Grundbedingungen unseres Seins befinden.

Welches sind denn nun aber die Grundbedingungen unseres Seins?

Da möchte ich zuvor noch die Frage aufwerfen: „Was ist denn das Wesentlichste in unserem Sein?" und dieselbe damit beantworten: „Dass G o t t sowohl die Quelle als auch der Urgrund unseres Seins ist." Deshalb sind seine Eigenschaften im Wesentlichen (wenn auch jetzt noch nicht) auch unsere Eigenschaften. Wenn er nur Liebe ist, dann müssen auch wir — gleich unserer Quelle — lauter Liebe sein. Jeder hässliche Gedanke und jede hässliche Gemütsbewegung steht deshalb in direktem Gegensatz zu unserem eigenen inneren Wesen, welches wir nach dem Entwicklungsgesetz äußerlich zum Ausdruck bringen sollen. Gott liebt alle Menschen, das ist gewiss, aber er wünscht sie durch u n s zu lieben. Er ist gerecht zu allen Menschen, aber seine Gerechtigkeit soll durch uns fließen. Er wünscht, dass alle Menschen die Weisheit und Macht, die sich in jedes Menschen Seele verschlossen vorfinden, offenbaren möchten. Furcht und Zweifel stehen aber in direktem Gegensatz zu diesen göttlichen Eigenschaften, und so lange wir sie nicht ganz überwunden haben, werden wir unter ihren üblen Folgen zu leiden haben.

Der Leser wird nun gesehen haben, was es ist, dass Jesus uns fortgesetzt ermahnt zu glauben. Er ermahnt uns, an unser eignes wirkliches und wahres Selbst zu glauben, und nicht an unser zeitliches, wechselndes äußeres Selbst. Er wusste, was er mit dem Himmelreich, für dessen Herankommen wir beten und arbeiten sollen, meinte, und wo sich dasselbe befand. — Er meinte das Himmelreich in uns selbst.

3. Die Kreuzigung und die Auferstehung.

Jede Seele muss den Kreuzesweg gehen, ehe sie zur Erlösung und Auferstehung gelangen kann. Auch wenn das
göttliche Selbstbewusstsein, oder der Christus in uns, Gestalt gewonnen hat, ist er noch schwach, wenn auch im
Grunde Meister. Er wird sich seiner endgültigen Mission:
d. i. die vollständige Erlösung der Seele von allem, was sich
nicht in Übereinstimmung mit ihrer inneren Göttlichkeit befindet, bewusst. Er predigt dem erleuchteten Verständnis
das Evangelium von der Erlösung von allem Übel, und lässt
gelegentlich Blitze höherer Wahrheiten in das Gehirn des
Menschen hineinleuchten. Dem weniger entwickelten Verständnis kommen diese Wahrheiten in Form von Gleichnis-
sen und Bildern; nur dem erweckten und erleuchteten Verstande kann er die reine Wahrheit enthüllen. Dieses geschieht im Geheimen, vermittels der intuitiven Fähigkeiten,
wenn die Seele, allen äußeren Eindrücken und Empfindungen verschlossen, ihre ganze Aufmerksamkeit nach innen,
gerichtet hat. —

So fand es Jesus für nötig, sich mit seinen Ersterwählten
von der Welt zurückzuziehen, vor allem, damit er sie ganz
ungestört und in einer anderen Weise unterrichten könne als
er es bei der unerweckten Menge zu tun pflegte, und ferner,
damit er hier in der Einsamkeit sich erhole und stärke für

seine weitere Heilsarbeit unter denen, die er zu erlösen wünschte.

Von ihm können wir das Geheimnis wahrer Ruhe erlernen. Wenn wir richtig ausruhen wollen, dann müssen wir den ganzen Körper abspannen, alle Sorge und Unruhe verscheuchen, und unsere Aufmerksamkeit von allen äußeren. Dingen abziehen. Wir müssen unsern Geist vollkommen beruhigen und unsere Sinne gegen alle Eindrücke von außen abschließen. Wir müssen unsere ganze Aufmerksamkeit nach innen lenken, zu „dem Vater im Verborgenen", welcher die Quelle aller Macht ist. In dem Maße, wie wir uns zu derselben passiv verhalten, wird sie in uns fließen und werben wir mit höherer Kraft erfüllt werden. Sobald wir uns äußeren sinnlichen Eindrücken und Empfindungen öffnen verschließen wir uns dem Einfluss der Macht und den Eingebungen der Wahrheit, welche uns von innen kommen. Dieses Öffnen der Seele nach der inneren Welt zu war das Mittel, durch welches Christus seine Vollkommenheit erreichte.

Das Göttliche, der Christus in uns besitzt Kraft zum Heilen. Er, oder besser es, heilt alle unsere Gebrechen, wenn wir ihre Heilung in rechtem Glauben und Vertrauen erwarten. Denn der feste Glaube der Seele an die Macht des Geistes übergibt unser ganzes Sein der Tätigkeit der heilenden Kraft. Unglaube, Zweifel, Furcht oder Angst erzeugen einen Gemütszustand, welcher tatsächlich die heilende Kraft des Geistes ausschließt. — Durch unsere körperliche und Gehirntätigkeit wird die Seele gezwungen sich nach außen zu wenden und in unserem äußeren Selbst zu leben, und der Christus wird während dieser Zeit in den Hintergrund gedrängt.

Durch fortgesetzte physische und geistige Anstrengungen würden wir uns selbst zerstören. Um uns vor diesem Lose zu bewahren, zwingt uns die Natur zeitweise zu ruhen.

Sie bringt unseren Körper in den Zustand des Schlafes und macht ihn passiv und damit für die Arbeit der inneren wiederherstellenden Kräfte geeignet. — Aber die Gemüts- und Geistesverfassung, in der wir tagsüber gelebt, ist geeignet in unser subjektives oder unterbewusstes Wesen überzugehen. Hatten wir tagsüber Gedanken der Furcht, des Zweifels, der Angst, dann wird auch unser Unterbewusstsein mit Gedanken der Furcht, des Zweifels und der Angst belastet, und diese verhindern die ergänzenden und wiederherstellenden Kräfte, ihre für den Körper ja notwendige und wohltuende Arbeit während des Schlafes zu verrichten. Man beobachte nur, wie schnell Kinder sich von körperlichen Anstrengungen oder auch von Krankheiten durch einen gesunden Schlaf erholen.

Lasst uns deshalb der göttlichen Macht vertrauen, welche uns von allem Übel erlösen kann. Alles, was wir zu diesem Behufe zu tun haben, ist: dieser Macht gegenüber die geeignete Haltung einzunehmen, damit sie in uns einziehen kann.

Der Leser wird jetzt wissen, was wir mit dieser geeigneten Haltung meinen. Sie kann in drei Worte zusammengefasst werden: Glaube, Erwartung und Ruhe (oder Passivität). Man kann sie auch in die zwei Worte: Glaube und Ruhe zusammenfassen, denn der Glaube schließt die Erwartung schon in sich ein. In der Ruhe liegt deshalb solche Kraft, weil die Quelle aller Macht in uns, das göttliche Selbst, nur dann imstande ist durch uns direkt zu wirken, wenn wir unseren Körper selbst zu einem Werkzeug, zu einem willigen Medium für dasselbe machen. „In die Stille (Ruhe) gehen", hat deshalb eine viel tiefere Bedeutung für uns, als manche Schüler der „Neuen Gedanken" glauben.

Die göttliche Selbst-Erkenntnis enthüllt jedem, der sie sich zu eigen gemacht, größere Wahrheiten und bringt seinem Körpermenschen harmonischere Zustände. Aber in der ersten Zeit empfindet und besitzt die erwachte Seele diese Erkenntnis nur zeitweise, in Augenblicken der Entzückung; an dem einen Tage wird sie als der wahre Christus und König gefeiert und an einem anderen als ein Friedensstörer angesehen. Manchmal öffnet die Seele sich ihr mit Hosianna und mit allen Zeichen der Dankbarkeit und Ergebenheit; sie ist angefüllt mit den besten und friedfertigsten Gefühlen; sie hat ihren Palmsonntag und feiert den Einzug ihres Königs wie die Stadt Jerusalem: sie streut Blumen und schwingt Palmenzweige zu Ehren des herbeigekommenen Erlösers. Der Christus nimmt diese zeitweilige Ehrung mit Sanftmut und Freundlichkeit entgegen. Aber dieses Gefühl der Freude ist doch mit einer gewissen Sorge gemischt, denn er weiß, dass der alte Adam zurückkehren und das Tier doch wieder über den Menschen Macht gewinnen wird. Die Sinne möchten in ihrem Genusse nicht gestört werden, und Sehen deshalb den Christus als einen Störenfried an. Die Seele hört ihre Rufe: „Kreuziget, kreuziget ihn!" — Das alles weiß und sieht der Erlöser, und es überkommt ihn eine große Traurigkeit. Er bricht in Tränen aus, und beweint das Schicksal der Körperlichkeit, das ein trübes sein wird, wenn sie fortgesetzt von ihren Leidenschaften und blinden Verstande sich leiten lässt. „Jerusalem, Jerusalem! wie oft habe ich dich um mich versammelt wie eine Henne ihre Küchlein sammelt." — Gilt das nicht uns allen, wenn wir darauf beharren, von unserem sinnlichen Menschen, dem alten Adam beherrscht zu werden? So „streitet das Fleisch wider Gott", wenn es die Führung und Leitung Christi verwirft. Solange es regiert, geht es dem Gericht entgegen.

Zwischen dem sinnlichen Menschen und der Gottheit besteht ein ewiger Streit und Widerspruch, wenn es auch nur ein einseitiger Streit ist. Die ganze Kampfestätigkeit geht von unserer Körperlichkeit aus. Sie verleugnet den Christus, sie verfolgt ihn, sie möchte ihn ausrotten und ihn von der Bildfläche verschwinden lassen. Die Göttlichkeit nimmt alle diese Verfolgungen in Ergebung und ohne Äußerungen des Hasses auf sich. Sie sagt: „Vater, vergib ihnen, denn sie wissen nicht was sie tun." Denn „diejenigen, welche das Schwert ziehen, werden durch das Schwert umkommen." Der Gottmensch weiß, dass alle Furien des Fleisches nicht imstande sind, ihn zu zerstören. Nur das Körperliche am Menschen wird bei diesem Kampfe gekreuzigt, und nur der menschliche Jesus ist es, der dabei ausruft: „Gott, mein Gott, warum hast du mich verlassen?" Da verschwindet der Christ für eine gewisse Zeit; er liegt wie tot in der Seele des Menschen, in welcher die tierische Natur die Oberhand gewonnen hat. Aber er ist nicht tot, sondern er schläft nur. Er ist in den Hades, in die Hölle, in den dunkelsten Teil der menschlichen Natur hinabgestiegen. Hier predigt er den Geistern im Gefängnis, der verdunkelten Seele. Auch dieser bringt er eine Botschaft der Gnade.

Aber ohne die Erkenntnis, dass sich der Christus in ihr befindet, fühlt sich die Seele verloren und verlassen. Der Erlöser kann nicht erstehen, ehe sie nicht ihre eigene Schwachheit und ihre Hilflosigkeit ohne die Stütze der Göttlichkeit erkannt hat, oder bis sie sich der Gegenwart der Göttlichkeit in ihr bewusst geworden ist. In ihrer Verzweiflung und Todesangst betet sie, zu Gott, schreit sie laut zu ihrem Gott um Hilfe. Nachdem sie, durch viele Not und Schmerzen belehrt, zu der Erkenntnis gekommen ist, dass sie ohne Christus nichts kann und nur sich selbst zerstört, ist sie endlich gewillt, sich Christo ganz hinzugeben, und sich ganz von ihm regieren zu lassen.

Der Leser muss hierbei immer im Gedächtnis behalten, dass das Ganze nur einen geistigen Prozess oder einen Bewusstseinswechsel darstellt. Ehe die Seele nicht gelernt hat, auf den Innengeist als ihr einziges Leben und ihre einzige Kraft zu blicken, so lange befindet sie, sich in einem falschen Bewusstseinszustand. Dem äußeren Selbst wird dabei eine viel größere Wichtigkeit beigemessen als ihm in Wirklichkeit zukommt; es ist für die unerweckte Seele in der Tat alles in allem. Dieses persönliche Selbstbewusstsein nimmt einen Platz ein, der ihm nicht zukommt; es hat vom ganzen menschlichen Wesen Besitz ergriffen und die Herrschaft an sich gerissen, welche allein dem wahren, ewigen, göttlichen Selbst gebührt. Diese falschen Gedanken von unserem Ich müssen zerstört werden. Statt unser körperliches Selbst für das wahre zu halten müssen wir das göttliche Selbst als solches erkennen lernen. In seiner Anmaßung findet unser äußeres Ich alle Weisheit und alle Macht in der eigenen Person, und so lange es dies tut, verschließt es sich selbst unbewusster Weise der wahren Quelle der Weisheit und Macht. Der Gedanke an das eigene, äußere Ich steht deshalb unseren eigensten Interessen hindernd im Wege. Erst wenn wir demselben abgestorben sind, oder wenn es sich bedingungslos dem Christus übergeben hat, kann derselbe ungehindert in uns herrschen. Erst dann können wir sagen, dass Christus in uns erstanden ist.

Verstehen wir uns hier recht und begehen wir nicht auch den Fehler, den so viele vor uns begangen haben. — Nicht das persönliche Selbst muss verlassen, aufgegeben oder gekreuzigt werden, sondern die Idee der Selbstheit, der Glaube, da das persönliche Selbst alles und der Sitz unserer Kraft und unserer Weisheit ist. Der Körper soll nicht geschlagen und gegeißelt, noch sollen ihm seine natürlichen Bedürfnisse entzogen werden, so weit diese zu seinem Wohlbefinden notwendig sind. Viele Fanatiker früherer Zeit haben versucht ihre niedere Natur durch Abtöten des Körpers zu ersticken und zu beherrschen, und in der Türkei und in Indien wird heute noch diese rohe und barbarische Methode ausgeübt. — Dass dieselbe eine falsche ist, brauche ich hier nicht zu wiederholen. Die Kreuzigung des Fleisches soll eben, wie schon gesagt, eine geistige sein. Die Wirkung ist dieselbe, denn unsere physischen und geistigen Zustände fallen in einen Punkt zusammen.

„Widerstehet nicht dem Übel." — Wir haben nicht nötig, es zu bekämpfen. Alles, was wir zu tun haben, ist: dem Guten zuzustreben und uns ihm zu öffnen. Das ist wahrer Gottesdienst. Das Gute wird uns dann von selbst vor dem Übel bewahren und es wird auch durch uns zum Ausdruck kommen. Unser persönliches Selbst hat nicht nötig zu kämpfen. Es ist nur nötig, dass es sich zu einem willigen Werkzeug des höheren Selbst mache, so dass das letztere durch ihn zu wirken vermag. Das ist ein wahrer Verzicht und wahre Selbstverleugnung. Wir haben nicht nötig, Asketen zu werden, um geistig zu wachsen. Wir brauchen auch die Tafelfreuden nicht zu verschmähen, wenn sie unseren Körper nicht schädigen. Wir müssen aber immer einen Unterschied zwischen dem richtigen Gebrauch und dem Missbrauch einer Sache machen. Nur der letztere ist eine Sünde. Damit beantwortet sich auch die Frage: „Was sollen wir essen; was sollen wir trinken, womit sollen wir uns kleiden?" Esst und trinkt, was euch nicht schadet, oder was von den Empfindungen eurer feineren Sinne nicht verworfen wird. In dieser Sache muss sich jeder selbst Gesetz sein.

In diesem Lichte betrachtet, würden hohe steife Kragen für einen kurzen Hals, enges Schuhwerk und enges Schnüren eine Sünde sein, während heitere, angenehme Farben und ebensolches Schmuckwerk nichts Sündiges sein würden.

Man macht uns hier und da einen Vorwurf daraus, dass wir schöne Kleider und mancherlei Schmuckwerk an uns tragen. Wir sind aber der Meinung, dass es nicht nötig ist, Trauerkleider zu tragen und mit bekümmerter Miene einher.zugehen, wenn man einen höheren Grad der Erkenntnis erreicht hat. — Im Gegenteil sollten wir allen solchen mit Lucian Pusch zurufen: „Freuet euch, freuet euch! denn ihr sollt die Glücklichsten der Erde sein!" Wenn jemand Schmuck und helle Kleider liebt, und seine Mittel erlauben es ihm, sich solche anzuschaffen, warum sollte er sie dann nicht tragen? — Wenn jemand musikliebend ist, warum sollte er dann nicht Konzert und Oper besuchen? — Wenn jemand schöne Gemälde liebt, warum sollte er nicht die Wände seiner Wohnung damit schmücken? — Mit einem Worte: Warum soll er nicht seinen Neigungen gemäß leben, so lange er damit weder sich noch andere schädigt? Nur indem wir allen solchen Dingen einen höheren Wert beimessen, als sie in Wirklichkeit für uns haben, können wir uns an Leib und Seele Schaden zufügen. Wir tun Unrecht, wenn wir sie für Selbstzweck und nicht nur für ein Mittel zum Zweck halten, oder wenn wir ihnen eine Herrschaft über uns einräumen, statt in weiser Mäßigung uns ihrer nur zu erfreuen. — So lange wir hier auf dieser Erde weilen, sollen wir uns auch ihrer Schönheit erfreuen und alles Gute, was wir auf ihr finden, genießen — so lange uns das von unserem besseren Selbst nicht widerraten wird.

Als ich vor einiger Zeit eine Kunstausstellung besuchte, bemerkte ich in derselben eine photographische Wiedergabe eines Kunstblattes „Er ist auferstanden." Dieses Gemälde übte einen eigenen Reiz auf mich aus, einmal wegen seiner Schönheit und dann auch deshalb, weil ich selbst zu der Erkenntnis gekommen war, dass der Christus in mir erwacht war und zur Auferstehung drängte. Ich kaufte das Bild und sehe bis zum heutigen Tage gern zu ihm auf. — Es hat mir manche gute Anregung bei meinem schriftstellerischen Schaffen gegeben. Wer wollte mich deshalb tadeln, dass ich es gekauft habe?

Ich bin der Überzeugung, dass auch Jesus die Schönheit und Anmut bewunderte und liebte. Er wird ebensowohl die landschaftlichen Schönheiten der Umgebung von Nazareth, wie den inneren Schmuck des Tempels, wie endlich auch die menschliche Schönheit der Männer, Frauen und Kinder um ihn herum bewundert haben. Er liebte auch die Festlichkeiten der Juden und kam eigens zu dem Zwecke nach Jerusalem, um dieselben dort, inmitten einer prächtigeren Umgebung zu feiern. Er liebte das Gute und das Schöne, wo immer es sich ihm darbot, und er verschmähte auch die Tafelfreuden nicht. So lange er auf Erden wandelte, war ihm sein Körper ein Teil seiner Person — wenn auch ein weniger wertvoller — und er hielt es für seine Pflicht, auch für ihn zu sorgen.

Wir können von dem irdischen Leben Jesu viel lernen. Auf der einen Seite wird uns gelehrt, wie wir voll berechtigt sind, alles zu genießen, was uns in den Weg kommt, wenn es geeignet ist, uns besser und glücklicher zu machen: auf der andern Seite sehen wir, wie wir uns manches unnütze Leid ersparen können, wenn wir die Bürden unseres irdischen Lebens mit Geduld tragen, wie er es getan. Nirgends wird uns berichtet, dass Er ärgerlich und aufbrausend wurde über die Übel, die über ihn kamen. Durch unseren Ärger und unsere Verdrießlichkeit machen wir das Ungemach, in das tour geraten, nur noch schlimmer, ja, manchmal sind diese das alleinige Übel, das uns befallen hat.

Jesus wusste, dass die Geschehnisse seines Lebens keine Zufälligkeiten waren, sondern naturgesetzlich sich erfüllen mussten. Er hielt es für seine Pflicht, durch Führung eines naturgemäßen, seinem Sein entsprechenden Lebens körperliche Leiden zu vermeiden; wenn aber dennoch Leiden (seelischer Art) über ihn kamen, dann ertrug er sie geduldig und ohne Murren, in der Zuversicht, dass sie in irgendeiner Weise zu seinem oder anderer Besten sein müssten. Er glaubte an die Macht und Weisheit seines inneren oder höheren Selbst und dass dieses ihn recht führen würde. Indem er sich diesem seinem „Vater" vollständig hingab, sich ihm vollständig unterordnete, wurde er ein vollkommener eingefleischter Christus. Und sobald dieser Christus, welcher der

„Vater" ist, in uns auferstanden ist und uns regiert, werden wir wie Er. — Dann wird der große Ostertag für uns erscheinen. Wenn wir mit Jesus gestorben sind, werden wir mit ihm auf erweckt werden, im Bild und Gleichnisse Christi. Lasst uns die Ankunft dieses glücklichen Ereignisses beschleunigen, nicht durch Kampf, Unruhe und Aufregung, sondern durch eine vollkommene Unterordnung unter unsere eigene innere und wirkliche höhere Natur, den „Vater im Himmel".

4. Die Bergpredigt.

Moses gab der Welt ein moralisches Gesetz, welches jahrhundertelang vielen Völkern und Ländern als Vorbild gedient hat. Dieses Gesetz wurde nicht in willkürlicher Weise der Welt durch einen Reformator aufgedrungen, sondern es war eine Zusammenfassung von gewissen Vorschriften, welche, wenn befolgt, die Menschen besser und glücklicher machen sollten. Der wilde unzivilisierte Mensch sieht kein Unrecht darin, wenn er seinen Nebenmenschen im Streite erschlägt, und Krieg, Raub und Plünderung erscheinen ihm durchaus gerechtfertigte Handlungen. — Aber er ist nur so lange ein Wilder, als er seinen rein tierischen Trieben folgt. Die Natur versucht es fort und fort, ihn in bessere, höhere menschliche Verhältnisse hineinzutreiben. Sie kann ihn aber nicht weiterbringen, so lange er an seinen alten Ansichten und Gebräuchen festhält. Sie leitet ihn deshalb zur Annahme höhere Ideale. Früher oder später werden einige begabtere Angehörige der Menschenrasse höhere Gesetze entdecken, welche, wenn befolgt, den Einzelnen sowohl wie die Gesamtheit in höhere und bessere Lebensverhältnisse führen. So erhielt Moses von der Göttlichkeit in ihm die Zehn Gebote zudiktiert. Sie wurden für eine Anzahl halbzivilisierter Völker die höchsten Gebote der Sittlichkeit. Sie gründen sich auf des Menschen eigenstes Wesen und werben deshalb für alle Zeiten gültige Gesetze bleiben. Sie werden niemals verworfen werden. Obgleich sie anscheinend eine Menge Einschränkungen enthalten, ermöglichen sie uns doch eine größere Freiheit und eine größere Glückseligkeit. Sie bilden ein solches Fundament, auf welchem seiner Zeit höhere Formen errichtet werden. Denn die Natur erlaubt der menschlichen Rasse nicht, zu rasten, nachdem sie den gewaltigen Schritt, der den Menschen vom Tier zum Menschen erhoben, getan. Sie muss ihn weiter führen und zu einem engelgleichen Dasein bringen.

Bevor der Mensch aber zu einem Engelleben heranwachsen kann, muss er sich mit den Bedingungen bekannt machen, unter denen solches Leben gedeiht. Diese Lebensbedingungen wurden dem einsamen Jesus enthüllt, als er über die Geheimnisse des menschlichen Wesens nachdachte. — Er sah, dass sein Volk so weit vorgeschritten war, als es unter den alten mosaischen Verordnungen möglich gewesen war, und dass die Welt bereit war, ein neues Gesetz anzunehmen. Ja, sie seufzte bereits unter den Geburtswehen einer neuen Ordnung der Dinge. Was bisher als Ideal gegolten, musste aufgegeben und neue Ideale mussten aufgestellt werden, und viele Dinge, welche man bisher als gut und recht angesehen hatte, mussten durch bessere ersetzt werden. Dem rein moralischen Gesetz musste ein ethisches beigeordnet werden.

Und als er jetzt die große Menge um sich herum erblickt, welche der Belehrung und Erleuchtung harret, da steigt der Wunsch in ihm auf, sie besser und glücklicher zu sehen, und er geht auf den nahen Berg und setzt sich dort nieder, sie zu lehren. Alle folgen seinem Beispiel, gruppieren sich lautlos um ihn herum, und warten gespannt seiner Rede. Und ruhig und würdevoll fließen die Worte von den Lippen des Meisters, die ihm der Große Geist eingegeben. Heil und Segen klingen aus ihnen heraus, die Verkündigung einer großen Zukunft, einer größeren geistigen Entwicklung, und eines Friedens und Glückes, welche die Welt nie zuvor gekannt hat.

„Gesegnet sind die geistig Armen, denn das Himmelreich ist ihrer."

Diejenigen, welche die Weisheit der Welt besitzen und nur ihren irdischen Reichtum anbeten, fühlen sich nicht geistig arm. Sie sind reich und selbstbewusst. Niemand kann sie etwas lehren, denn sie wissen alles besser als die, welche sie belehren wollen. Alles, was über ihre äußeren Kenntnisse hinausgeht, halten sie für Unsinn, und diejenigen, welche da glauben, etwas von den tieferen und verborgenen Dingen Gottes zu wissen, nennen sie arme Narren, Sonderlinge und Menschen, die sich mit ihrer Wissenschaft selbst betrügen. Der von der Göttlichkeit bewegte Lehrer kann sie nichts von der höheren Ordnung der Dinge, die da kommen soll, nichts von den wunderbaren Möglichkeiten, welche in des Menschen Seele schlummern, lehren. Nur diejenigen, welche den Wunsch und das Bedürfnis nach mehr Licht haben, welche noch „geistig arm" sind, werden sich gern von ihm unterrichten lassen. Und diese werden dreifach gesegnet sein, denn das Himmelreich, von dem ihnen Jesus gesprochen, wird ihnen gehören. Sie glauben an die glorreiche Zukunft, die er ihnen versprochen. Sie sehnen sich nach ihr, hungern und streben danach. Ihnen ist das Himmelreich versprochen und sie werden es auch verwirklichen.

„Gesegnet sind die Leidtragenden, denn sie sollen getröstet werden."

Nur ein Herz, das einen Verlust erlitten hat, dem etwas fehlt, kann trauern. Die Trauer, welche hier der Meister im Sinn hat, ist ein geistiges Trauern, hervorgerufen durch ein Gefühl des Verlustes oder des Mangels, das die Seele beschleicht, wenn sie ihrer Armut und Nacktheit auf der äußeren Ebene sich bewusst wird. Sie hat die durch ihre äußeren Sinne ihr bereiteten Vergnügungen genossen und ihren sinnlichen Neigungen und Leidenschaften nachgegeben, und fühlt sich danach nur um so unzufriedener und von Gewissensbissen gequält. Sie sieht sich durch ihre Niederlage gedemütigt und trauert über die Erniedrigung, in die sich selbst zeitweise begeben hat.

Aber der Meister nennt sie „gesegnet;" denn ihr Trauern ist ihm ein Zeichen dafür, dass sie begriffen hat, dass der Weg, den sie bisher verfolgt, zu einem befriedigenden Ende nicht führen kann. Sie ist gesegnet, weil die göttliche Triebkraft in ihr sie veranlasst nach etwas Besserem zu suchen; — und „wer da sucht, der wird auch finden."

Wer solcherart nicht trauert, der befindet sich noch auf der sinnlichen Ebene und ist mit ihr zufrieden. Ihm ist noch kein höheres Ideal geboren worden und er befindet sich noch nicht in einer Verfassung, wo das göttliche Königreich sich ihm öffnen kann. Es ist ihm noch verschlossen. Aber auch sein „Tag der Reue" wird früher oder später für ihn erscheinen, und dann wird auch er gleich denen gesegnet sein, für welche das Morgenrot eines neuen Tages bereits angebrochen ist.

Aber wir müssen uns davor hüten, in einen krankhaften Zustand zu verfallen, und uns wegen unserer Pflichtversäumnis mit Selbstanklagen zu quälen. Das würde uns nur am Erreichen des uns verheißenen Glückszustandes hindern. Solches öfteres Zurückblicken in frühere Zustände ist nur zu sehr geeignet unsere Seele zu entmutigen und sie in ihren Bemühungen, sich zu befreien, zu behindern. Ihre Tatkraft wird abgeschwächt und sie kann möglicher Weise in einen solchen hypnotischen Gemütszustand geraten, der allen Fortschritt unmöglich macht. Sie kann, wie Lots Weib, in einen Zustand der Erstarrung fallen, — nicht körperlich, wohl aber geistig. Um solches zu vermeiden, darf unsere

Trauer und unsere Reue nicht in Gewissensbisse ausarten, sondern soll sich bald in ein frohes Hoffen auf die Zukunft umwandeln, — denn unsere Betrübnis und unser Gefühl der Armut und Nacktheit ist ja das erste hoffnungsvolle Anzeichen dafür, dass eine hellere, ungetrübtere Zukunft für uns möglich ist, — und der erwachten Seele Wahlspruch muss immer sein: „Vorwärts! höher!" Lasst die Toten ihre Toten begraben.

„Selig sind die Sanftmütigen, denn sie sollen das Erdreich ererben."

Dieser Ausspruch befindet sich in Übereinstimmung mit der Ermahnung: „Widerstehet nicht dem Übel, sondern überwindet es durch Gutes." Indem wir dem Übel widerstreben, verstärken wir es nur. Alles, was geübt wird, wird durch die Übung gestärkt, während bei Mangel an Übung unsere körperlichen Organe z.B., ebenso wie unsere seelischen und geistigen Eigenschaften verkümmern und schwächer werden, — um nach einer gewissen Zeit ganz zu verschwinden. Das ist Entwicklungsgesetz. Jesus hatte dasselbe sehr klar erkannt, wie viele seiner Aussprüche beweisen, besonders die über den Gebrauch unserer Gaben. — Wer vermag zu kämpfen, wenn er keinen Widerstand findet? Die Lehre von dem Nicht-Widerstehen wird vielleicht später auch auf unserer Erde zur Geltung kommen, wie sie jetzt schon in den höheren Gebieten der geistigen Welt herrscht.

„Nun", werden da einige unserer Leser fragen, „soll ich denn nicht widerstehen, wenn irgendein Strolch es versucht mich zu berauben und zu töten?" Das ist stets der Einwurf derjenigen, welche die Mahnung Jesu nicht recht verstanden haben. Wir können recht wohl dem Übeltäter widerstehen, während wir uns dem Übel selbst gegenüber untätig verhalten. — Wenn wir auch immer das Wohl des Andern im Auge haben sollen, so dürfen wir dabei keineswegs übersehen, dass wir selbst auch Rechte haben, und dass wir die Pflicht haben uns zu schützen, wenn wir von irgendeiner Seite bedroht werden. Aber wir können uns recht wohl dem Übel gegenüber, das uns selbst oder andere betrifft, passiv verhalten. Durch Kampf und Widerstreit werden wir unsere Unvollkommenheit nicht überwinden, wenn wir aber an den uns gesteckten idealen Zielen festhalten, werden wir geistig so erstarken, dass unsere Unvollkommenheiten von selbst fallen. So manche Ehefrau, welcher es zur zweiten Natur geworden ist, ständig über die Fehler ihres Mannes zu zanken und zu streiten, würde besser tun, solches zu unterlassen, denn solcher Streit führt zu nichts Gutem und bessert den Gescholtenen nur in seltenen Fällen. Es gibt aber auch Frauen, welche es recht gut verstehen, durch taktvolles Schweigen ihre Sache zu gewinnen; anscheinend unberührt von dem Benehmen ihres Mannes, warten sie ihre Zeit ab und leiten dann denselben stillschweigend in bessere Bahnen, so dass er es oftmals gar nicht merkt. Diese haben den Wert der Sanftmut begriffen.

Aber es gibt noch eine andere Art der Sanftmut, von welcher wir hier sprechen möchten, und das ist die Sanftmut gegen die höheren Kräfte in uns. Nur indem wir zu diesem höheren Selbst sanftmütig und ihm folgsam sind, kann unser persönliches Selbst durch dasselbe geleitet und beeinflusst werden. Wenn letzteres auf seine Kraft und seine Kenntnisse pocht, wird es den höheren Kräften in ihm gegenüber positiv, und damit verschließt es sich selbst den Kanal, durch welchen ihm geistige Weisheit und Kraft zufließen können. Durch letztere Art der Sanftmut gelangen wir in den Besitz unseres Königreichs im Innern, oder mit anderen Worten: indem wir sanftmütig und willig dem höheren Selbst uns öffnen, kann das letztere sich manifestieren oder offenbaren. Indem wir sagen: „Dein Wille geschehe", werden wir ein Christus im Fleische.

„Selig sind, die da hungert und dürstet nach der Gerechtigkeit, denn sie sollen satt werden."

Wenn die Seele endlich zur Erkenntnis ihrer göttlichen Natur gelangt ist, verlangt es sie, dieselbe nach außen zum Ausdruck zu bringen; sie wünscht das gesegnete Reich der Gerechtigkeit selbst darzustellen. Dieser Wunsch wird Erfüllung, denn es ist Gesetz, dass der, welcher sucht, auch findet, und wer an die Türen des Reiches der Gerechtigkeit klopft, dem wird aufgetan. Deshalb wird der Gerechtigkeitssucher von Jesus gesegnet, denn sein Hunger wird gestillt werden.

„Selig sind die Barmherzigen, den sie sollen Barmherzigkeit erlangen."

Es ist Gesetz, dass wir uns zu denen hingezogen fühlen mit welchen wir geistig verwandt sind. Wir rufen unsere eigenen hervorspringenden Eigenschaften in anderen hervor. Wenn wir jemand hassen, werden wir in den meisten Fällen auch dessen Hass hervorrufen; lieben wir jemand, dann wird dadurch dessen Gegenliebe angeregt; und wenn wir jemandem Barmherzigkeit erweisen, wird derselbe auch uns gegenüber barmherzig sein. Aber nur, wenn wir dem Göttlichen gestatten in uns zu regieren, sind wir befähigt die göttliche Eigenschaft der Barmherzigkeit an anderen auszuüben; solange das eigene persönliche Selbst herrscht, ist es nur zu leicht geneigt seinen niederen Straf- und Rachegelüsten zu folgen.

Eine Seele, die jederzeit bereit ist Barmherzigkeit zu üben, ist schon weit vorgeschritten auf dem Wege der Vollkommenheit; deshalb wird sie vom Herrn selig gepriesen.

Wir müssen Barmherzigkeit in Gedanken, Worten und Werken üben, wenn wir unseren „Vater" zum Ausdruck bringen und wahre Kinder Gottes und Brüder Christi werden wollen. Es gehört Selbstverleugnung dazu, einem Feinde zu vergeben; es gehört aber auch Selbstverleugnung dazu, den irrigen Ansichten eines anderen nicht zu widersprechen; ist sein gegenwärtiger Standpunkt doch ein notwendiger und natürlicher im Entwicklungsgang seiner Seele. John Bunyan drückte dieses Gefühl aus, als er beim Anblick eines Trunkenboldes ausrief: „Großer Gott dort geht John Bunyan." Gewiss, in der einen oder anderen Richtung können wir genau so schuldig sein, wie der, den wir verurteilen. Wir verdammen uns nur selbst, wenn wir andere verdammen. Wenn wir also anderen gegenüber barmherzig sind, sind wir es auch uns gegenüber.

„Selig sind, die reinen Herzens sind, denn sie werden Gott schauen."

Ja, überaus selig. Denn wenn das Herz von allen unreinen Wünschen, von aller Selbstsucht; aller Ungerechtigkeit, aller Unliebe und allem Hass gereinigt ist, dann können alle-gegenteiligen Eigenschaften in dasselbe einziehen, und diese sind Manifestationen Gottes in uns selbst. Solcher Seele hat man nicht nötig die Existenz Gottes zu beweisen. Sie fühlt sein Wirken an und in ihr; sie „sieht" ihn mit ihrem inneren geistigen Auge; sie fühlt ihre Einheit mit dem Vater und teilt seinen Ruhm und seine Macht mit ihm. Gott selbst hat von solcher Seele Besitz genommen und er leuchtet durch sie in die Welt hinaus. Gott liebt die ganze Schöpfung und sucht der Menschheit durch solche erleuchtete Seele zu nützen. Er denkt, spricht und handelt durch sie, weil sie ein vollkommenes Medium oder Werkzeug des Höchsten geworden ist. Solche Seele wird eine vollkommene Behausung für den Christus.

„Selig sind die Friedfertigen, denn sie werden Gottes Kinder heißen!"

Nur Liebe bringt Friede. Die Liebe duldet alles, sie ist gütig, sie beneidet niemand, sie ist nicht ungebärdig, sie suchet nicht das ihre, sie lässt sich nicht leicht herausfordern, sie denkt nicht übel, sie trägt alles, glaubt alles, hofft alles und duldet alles. — Die Liebe versagt nie. Sie streitet nicht mit andern, und kann es nicht sehen, wenn andere streiten; sie sucht immer Frieden zu stiften. — Vollkommene Liebe kann nur da zum Ausdruck kommen, wo die Selbstsucht verschwunden ist. Mit der Selbstsucht verschwindet auch jede Gelegenheit zu Zank und Streit. Dann wird ein seliger Friede herrschen, ein Friede, den die Welt nicht kennt. Diejenigen, welche diesen Frieden in sich fühlen, haben einen hohen Grad der Vollkommenheit erreicht; sie sind „selig".

Ihr Zustand vollkommener innerer Harmonie wird von allen, mit denen sie in Berührung kommen, wohltuend empfunden, er überträgt sich auf diese und hilft auch ihnen solchen Frieden zu gewinnen. Die Friedfertigen tun die Werke Gottes auf Erden; sie führen seinen Willen aus. Alle Welt liebt solche Charaktere. Sie verbreiten überall hin Gutes, und alle ihre Schritte und Tritte sind gesegnet. Sie leben in Frieden mit der Welt, und die Welt lebt in Frieden mit ihnen.

„Selig sind, die um der Gerechtigkeit willen verfolgt werden, denn das Himmelreich ist ihrer."

Die Welt hat ehemals viele verfolgt, welche sich über den Standpunkt der Allgemeinheit erhoben hatten. Wir kreuzigen heute unsere großen Lehrer nicht mehr, aber wir verbannen sie oftmals aus der „Gesellschaft" und machen sie lächerlich. Das mag diesen wenig gefallen und sie mögen es — besonders um derer willen, die so lieblos sind — oftmals recht bedauern; aber diese Unbequemlichkeiten können nicht entfernt das Glück aufwiegen, welches sie genießen, indem sie den Pfad der Wahrheit, der Liebe und des Guten wandeln. Sie sind selig, trotz allem, was die Unwissenheit über sie sagen oder ihnen antun kann. Ihre Belohnung ist groß. — Diejenigen, welche die Wahrheit erkannt haben, müssen sie auch bekennen; sie müssen ihr Evangelium allen Völkern verkündigen. Nur Feiglinge verstecken vorsichtig ihr Licht, aber sie werden dadurch mehr Ungemach erleiden müssen, als ihnen je durch die Verfolgungen der Menschen erwachsen wäre. Diejenigen, welche die Wahrheit, die ihnen enthüllt worden ist, frei verkündigen, werden im Himmelreich „groß" genannt werden.

„Ich aber sage euch, wenn eure Rechtlichkeit nicht größer ist als die der Schriftgelehrten und Pharisäer, so werdet ihr nicht ins Himmelreich kommen."

Um in das Himmelreich eingehen zu können, muss man mehr wie die landläufige Sittlichkeit besitzen. Es gehört mehr dazu, als die einfache Beobachtung der alten Gesetze, die da das Töten, den Ehebruch usw. verbieten. Man muss einen höheren als den bloß moralischen Standpunkt einnehmen. Wir müssen nicht nur unser äußeres Leben in Einklang mit unserer höchsten Auffassung von Wahrheit und Recht bringen, sondern auch unser ganzes Denken und Fühlen. Wir müssen uns an die Umbildung der Welt begeben, indem wir uns selbst in Übereinstimmung mit unseren höchsten Idealen umbilden. Unter dem alten mosaischen Gesetz war es erlaubt, den Feind zu hassen; nach dem neuen Gesetz aber sollen wir ihn lieben! Wir sollen vollkommene Kinder unseres vollkommenen Vaters werden.

Sittlichkeit ist eine Notwendigkeit, um zur Vergeistigung zu gelangen. Wir vergeistigen uns mit dem Moment, wo die Erkenntnis über uns kommt, dass wir eins mit Gott sind und wo wir versuchen in Gott zu leben. Sobald wir eingesehen haben, dass Gott der Urgrund unseres Seins ist, müssen wir uns bestreben, in Übereinstimmung zu leben mit unserer inneren göttlichen Natur und deren Eigenschaften, welche wir als die unsrigen gefühlt und erkannt haben. Dann werden wir auch äußerlich, was wir im innersten Wesen schon sind: vollkommene „Bilder und Gleichnisse" der großen Vater-Mutter. Wir gehen in das Himmelreich ein.

5. Das Gebet des Herrn.

Jeder Christ kennt und betet „das Gebet des Herrn", „das
hl. Vaterunser". Seit über 1800 Jahren ist es in der Chris-
tenheit als vornehmstes und wirksamstes Gebet eingeführt.
Dennoch müssen wir bezweifeln, dass es in der Absicht
Christi gelegen, dass diese Seine Worte seinen Nachfolgern
zu endlosen Wiederholungen vorgeschrieben würden. — Er
sagte, dass der Vater alle unsere Bedürfnisse kenne, und
dass er stets willig und bereit sei, uns zu denselben zu verhelfen. Der die Lilien auf dem Felde kleidet und den Sper-
ling erhält, wird gewiss des Menschen nicht vergessen. Und
wenn wir die Hilfe, welche wir benötigen, nicht erhalten, so
ist das nicht des Vaters Schuld, sondern unsere eigene. Zur
Hilfe gehören zwei Personen, eine Hilfe spendende und eine
empfangende, und ferner müssen die geeigneten Bedingungen zur Hilfe vorhanden sein. Der Helfer muss das Rechte
zur rechten Zeit tun, und der Hilfe empfangende muss sich
in eine Verfassung bringen, wo ihm Hilfe gespendet werden
kann. Christus versichert uns, dass der Vater stets bereit und
willig ist, das für uns Nötige zu tun. Er tut jederzeit seine
Pflicht. Damit nun uns auch Hilfe werden kann, müssen wir
uns in die geeignete Lage bringen, wo seine Hilfe zu uns

kommen kann.

Nun wissen wir aus Christi Munde selbst, wie auch aus der Bibel, dass der große Helfer allgegenwärtig ist. Er ist überall, und so auch befinden er und sein Himmelreich sich in uns selbst. Der Vater ist uns ganz nahe, viel näher als eine Mutter ihrem Kinde; aber ehe der immer gegenwärtige Helfer uns nützen kann, müssen wir lernen, uns selbst — nicht nur bei einer besonderen Gelegenheit, sondern immer — in die rechte Verfassung zu bringen.

So erscheint die Annahme berechtigt, dass uns mit dem „Gebet des Herrn" nicht eine Anzahl Worte zu beliebig häufiger Wiederholung, sondern eine Anweisung gegeben worden ist, wie wir uns verhalten sollen, um so offen und empfänglich zu werden, dass die Hilfe, die stets bei uns ist, auch zu uns kommen kann.

„Unser Vater" bezeichnet den Universalgeist, welcher die Ursache und das Urleben non allem ist. Christus nennt ihn den Vater; für den Mohammedaner ist es Allah, für den Hindu Brahma, und Emerson nennt ihn die Überseele. Der Mensch ebenso wie die ganze Natur sind eine Selbstoffenbarung dieser Überseele. Ihr Endzweck ist, einen vollkommenen Ausdruck durch die Natur und den Menschen zu finden. Der Mensch ist ihr das hierzu notwendigste Mittel, denn nur in ihm kann sie in vollkommenster Weise verkörpert werden. Sie braucht ihn, und er ist deshalb der vornehmste Gegenstand ihrer Sorge. Sie möchte ihn mit immer größerer Schönheit und Macht ausstatten und ihre ewige Weisheit mit ihm teilen. Im äußeren Menschen sucht sie Ausdruck zu gewinnen. Sie kann und wird niemals dem Menschen das vorenthalten, was er benötigt, um ein vollkommener Ausdruck seiner selbst zu werden. Auch alle Kraft, welche er braucht, um widrige Verhältnisse, seine Neigungen, krankhafte Veranlagungen, seelische oder geistige Unvollkommenheiten zu überwinden, findet er in sich.

Die Überseele bringt ihn als lebendes Wesen auf die Erde, und sorgt bis zu einem gewissen Zeitpunkte ohne seine bewusste Mitwirkung für ihn. Aber die Zeit kommt, wo er lernen muss mit der Vater-Mutter zusammen zu wirken, wo er selbst an seinem großen Endzweck, welcher die vollständige Einschließung oder der vollständige Ausdruck des Göttlichen ist, mitarbeiten muss. Dieser Zeitpunkt ist gekommen, wenn die Seele ihre Einheit mit ihrem göttlichen Urquell erkannt hat. Durch dieses freudige Ereignis, wo der Mensch seine göttliche Natur erkennt, wird „der Name des Vaters geheiligt".

Mit dieser Erkenntnis stellt sich gleichzeitig ein Gefühl der Verantwortlichkeit ein, der ernste Wunsch, an unserem Zeile mit an dem großen Weltenplan zu wirken. Von nun ab wird das Innerste der Betstuhl, vor dem der Mensch seine Andacht abhält. Er hat seinen Gott gefunden, und dessen Tempel im Innern wird für ihn ein geheiligter Platz.

Das Innerste ist nun der „Himmel", wo der Vater thront. — Das Wort Himmel bedeutet „Höhe", doch nicht gerade mit Bezug auf einen Ort oder Raum. Wie es im Vaterunser angewendet ist, bedeutet es vielmehr einen Zustand, oder eine höhere Ordnung der Dinge, welche, wie Jesus an anderer Stelle andeutet, sich im Innern des Menschen bereits in der Entwicklung befindet. Der Himmel ist der Universalgeist selbst, wie er sich bemüht, im Menschen zu einem möglichst vollkommenen Ausdruck zu gelangen.

Nun wissen wir, was der Satz „Dein Reich komme" zu bedeuten hat. Er bedeutet: eine vollkommene Offenbarung der göttlichen Liebe, Weisheit und Macht, welche sich bereits in uns — wenn auch noch wenig ausgebildet — befinden, möge durch uns geschehen. Aber unsere höhere Natur kann sich nicht durchringen, so lange wir noch der niederen Natur anhängen, — welche wir bisher, im Verlaufe einer niederen Existenz, entwickelt haben. Wir haben uns eine

Persönlichkeit aufgebaut, welche noch nicht im Entferntesten dem Grade der Vollkommenheit entspricht, welchen wir später erreichen sollen. Diese Persönlichkeit hat Liebhabereien, Gewohnheiten und Wünsche, welche der Ausgestaltung und dem Hervorbringen des Göttlichen durch uns entgegenstehen. — Damit nun der höhere Wille, „der Wille des Vaters" durch uns „geschehe", müssen wir lernen, unseren niederen, unvollkommenen Willen, den Willen der Persönlichkeit, welcher in ihren niederen Neigungen und Wünschen zum Ausdruck kommt, beiseite zu legen. Wir müssen uns ganz unserer höheren Natur unterordnen! Wir müssen derselben gestatten ganz von uns Besitz zu nehmen und uns ganz zu regieren zu unserem eigenen Besten.

„Die Erde" ist das äußere Baumaterial oder der körperliche Teil des Menschen in erster Reihe, in zweiter Reihe der äußeren Welt im Allgemeinen; „der Himmel" ist, wie bereits ausgeführt, die innere Welt. Wenn wir uns bemühen, diese innere Welt oder Natur zu entwickeln oder zum Ausdruck zu bringen, werden wir neue Kräfte und Fähigkeiten zur Äußerung bringen, durch welche wir in den Stand gesetzt werden, auch „alles andere" zu erreichen. Hiermit ist sowohl „das tägliche Brot" wie auch alles andere Notwendige gemeint, denn „der Mensch lebt nicht von Brot allein".

Neben unserer physischen Natur gibt es noch andere Naturen, welche genährt und entwickelt werden wollen. Diese verlangen eine Nahrung anderer, eigener Art.

Die ästhetische Natur des Menschen z. B. wird dadurch entwickelt, dass man ihn mit allem Schönen in Berührung bringt. Dieses erfordert die Anschauung und Erkenntnis des Schönen ebensowohl in der Natur wie in der Kunst, Literatur und Musik. Wollen wir unsere geistigen Fähigkeiten entwickeln, dann müssen wir mit der Welt der Gedanken in Berührung gebracht werden. Unsere Sittlichkeit wird genährt und gefördert durch Gedanken der Sittlichkeit und

Tugend. Unsere höhere geistige Natur endlich wird entwickelt indem wir entsprechende geistige Eindrücke aufnehmen. Alle diese Eigenschaften sind bereits für uns vorhanden: entweder werden sie von andern zum Ausdruck gebracht oder sie liegen schlummernd in uns selbst.

Unsere Bedürfnisse sind mannigfaltiger Art, aber wir haben ein Anrecht auf jedes Mittel, das wir zur Entwicklung unserer höheren Eigenschaften, zur Entwicklung des Guten, Edlen und Schönen benötigen. Unser Wunsch und Wille wird uns, wenn stark genug, früher oder später mit allen diesen Hilfsmitteln in Verbindung bringen; auch sie gehören zu dem „täglichen Brot", das wir brauchen, um unseren Gesamtmenschen, den inneren wie den äußeren, zu entwickeln. Unsere große gütige Mutter will ja, dass wir alles dieses haben sollen, denn ihr vornehmster Wunsch ist, dass wir alle im innersten menschlichen Wesen oder seinem Himmel ruhenden Naturen zur Entwicklung und zur Ausgestaltung bringen Sollen. Wenn wir hieran zweifeln, wenn wir glauben, dass gute Bücher, schöne Gemälde und Musik nicht für uns taugen, dann mögen wir ruhig in Ergebung die Hände falten und keinen Versuch machen, sie zu erhalten. Wenn wir aber glauben, dass es uns möglich ist, alles, was zu unserer Vervollkommnung dient, zu erhalten, dann werden wir auch die nötige Kraft finden, die dazu erforderlichen Anstrengungen zu machen. — Durch unsere Anstrengungen selbst erhalten wir Kraft, und wir sollen nicht nach äußerer Hilfe blicken und äußere Hilfe erwarten, wenn wir wissen, dass wir diese in unserem Innern Selbst finden können. Hilfe und Dinge, die uns in dieser Weise von außen kommen, sind uns oftmals mehr hinderlich als förderlich. Gott ist stets bereit uns zu helfen, aber er will uns durch uns selbst helfen. Selbsthilfe ist die beste Hilfe.

Im Allgemeinen werden wir in anderen dasselbe Gefühl erwecken, welches wir zu ihnen hegen. Wenn wir sie lieben, werden sie auch uns lieben; wenn wir sie hassen, werden sie auch uns hassen; wenn wir ihnen vergeben, werden sie auch uns vergeben und aufhören uns zu verfolgen. Wie oft kommt es vor — und fast jeder kann davon sprechen — dass ihn seine Feinde nur so lange hassten und verfolgten als sie gehasst wurden; sobald ihnen in versöhnendem Geiste entgegengekommen wurde, wurden sie entwaffnet und die Verfolgungen hörten auf. Dieses Aufgeben aller Feindseligkeiten gegeneinander ist wahres Vergeben. Unsere Sünden sind uns mit dem Augenblick vergeben, wo wir aufhören sie zu tun, und ebenso kann von einer Vergebung nicht die Rede sein, so lange wir fortfahren dieselben Sünden zu begeben und unseren lasterhaften Neigungen nachzugeben.

Des Vaters unbegrenzte Liebe vergibt dem irrenden Kinde stets, aber in Wahrheit können wir uns selbst solange nicht vergeben, solange wir in unseren Sünden beharren und unseren sündigen Weg fortsetzen. Die Sündenvergebung ruht also in unserer eigenen Hand. Wenn wir unsere Sünden wahrhaft bereuen und alle Rohheit und alles Unedle aufgeben, wird uns von selbst Vergebung. Der „Vater" kann uns „vergeben", oder uns helfen, alles, was uneben in uns ist, zu überwinden, wenn wir uns wahrhaft dem höheren Guten öffnen. Indem wir demselben zustreben, — was echtes Gebet oder „heiligen" ist — wird das Gute so mächtig in uns, dass nach und mach alle ihm entgegenstehenden Unvollkommenheiten von selbst wegfallen — ohne besonderen Kampf. — So wird das Üble durch Gutes überwunden.

In diesem Liebte betrachtet wird das Vaterunser zu einer wichtigen Sache für uns. Die Worte desselben haben nur wenig Bedeutung für uns, so lange uns ihr Geist nicht erschlossen ist. So mancher Christ, welcher es allsonntäglich betet, vermag denselben nicht zu erfassen, während anderseits mancher „Heide", welcher noch nie etwas von Christus und seinem erhabenen Gebot gehört, es in der richtigen Weise betet, wenn er seine göttliche Natur in sich erkannt hat und sie in vollkommener Weise zum Ausdruck zu bringen sucht.

„Und wenn du betest, sollst du es nicht tun wie die Heuchler, welche ihre Gebete in Tempeln und auf öffentlichen Plätzen verrichten, damit sie von den Leuten gesehen werden."

„Sondern wenn du betest, so gehe in dein Kämmerlein, schließe die Türe und bete zu deinem Vater im Verborgenen, und dein Vater, welcher ins Verborgene sieht, wird dich belohnen öffentlich".

Nach dem, was wir bisher gesehen, wird es uns vollkommen klar, was der grobe Lehrer mit dieser letzten Anweisung im Sinne hat. Er will damit seinen Jüngern sagen, dass es vor Gott nicht angebracht ist, lange Worte zu machen, und dass eine oftmalige Wiederholung derselben Worte zwecklos ist. Sie sollen es nicht machen wie die Heiden, die, da denken, dass sie um so eher gehört werden, je mehr Worte sie machen. Er ordnet auch nicht an, dass wir um Nahrung und Kleidung „beten" sollen, denn er sagt uns an anderer Stelle, „darum sollt ihr euch nicht sorgen und sagen: Was sollen wir essen, was sollen wir trinken, womit sollen wir uns kleiden? — Denn euer himmlischer Vater weiß, dass ihr alle diese Dinge benötigt. — Suchet aber vor allem das Reich Gottes und seine Gerechtigkeit zu erlangen, so wird euch alles solches von selbst zufallen".

Was uns am meisten not tut, das ist der Glaube an unseren Gott im Innern, und die Entwicklung und Äußerung der in unserer Seele schlummernden Kräfte. Dann wird auch — als eine natürliche Folge hiervon — jedem irdischen Bedürfnis Befriedigung werden.

Dieses Bestreben oder dieser Wunsch soll nicht — in Worte gefasst — an den Straßenecken, „vor den Menschen" laut geäußert werden, sondern es soll „im Geheimen", im Herzen des Jüngers geschehen. Um es wirksamer tun zu können, muss er vor allen äußeren Eindrücken und Empfindungen die Türe verschließen, er muss sich sammeln, „in die Stille gehen" und alle seine Aufmerksamkeit auf das eine Ziel richten, das er zu erreichen wünscht. Diese Sammlung aller Gedanken und Gefühle auf den einen Brennpunkt ist zur Erreichung seiner Wünsche notwendig.

Unsere vornehmste Sorge soll stets die sein, unser inneres Ideal nach außen auszuwirken, oder, wie wir an anderer Stelle gesagt, den Gott in uns zu manifestieren. Das muss unser fortwährender, unser einziger, unser allumfassender Wunsch sein.

Aber es treten verschiedene Wünsche an uns heran, und zu einer Zeit brauchen wir diese, zu einer anderen eine andere Sache. Da müssen wir denn unsere innere Aufmerksamkeit besonders auf die Sache konzentrieren, welche wir zu erhalten wünschen. Ist es Gesundheit, die uns fehlt, dann müssen wir uns die in uns gegenwärtige Gottheit als vollkommenes Leben, Harmonie und Gesundheit vorstellen. — Möchten wir reich sein, dann lasst uns — statt uns Geld und Reichtümer zu „wünschen" — uns versichern, dass wir ja eins mit dem Universum und allen seinen Schätzen sind, dass alle diese Schätze uns wesentlich gehören und dass sie schon jetzt in und durch uns zu einem vollkommenen Ausdruck kommen sollen. — Möchten wir von schlechten Angewohnheiten und Unvollkommenheiten befreit sein, dann lasst uns in die Vollkommenheit uns versenken, welche als göttlichen Wesen uns eigen ist. — Ist unser ganzes Streben auf die Erreichung höchster Ideale gerichtet, d a n n m a c h e n w i r s i e u n s i n n e r l i c h z u E i g e n, und unser Leben wird in Übereinstimmung mit ihnen verlaufen.

Das Geheimnis des Erfolgs liegt nicht in dem Widerstand, den wir den Neigungen, welche wir überwinden wollen, entgegensetzen, sondern in dem Aufgeben des Persönlichen zum Vorteil des Idealen. Wir müssen uns dem letzteren gegenüber erwartend verhalten, und die Türen zu seinem Empfang weit öffnen, so dass wir vollkommene Vermittler dessen werden, was wir zum Ausdruck bringen möchten.

„D e i n Wille geschehe im Himmel wie auf Erden.“

6. Die Art und Weise wie Christus heilte.

Das Volk, welches Zeuge der wunderbaren Heilungen war, welche Christus vollbrachte, war natürlich aufs Höchste erstaunt über diese Äußerungen geistiger Kraft, welche alles überstiegen, was man bisher gesehen. Und die Frage: „Wie kann Jesus solches tun?" erschien nur zu berechtigt.

Auf diese Frage gab man sich zweierlei Antworten. Die einen meinten, er tue diese wunderbaren Werke unter Mithilfe des Teufels, die anderen, welche eine bessere Einsicht in geistigen Dingen besaßen, sagten sich, dass solche Wunder nur mit der Kraft Gottes, der wahren Quelle aller Macht, bewirkt werden konnten. — Der gläubige Christ wird uns sagen, dass Jesus diese großen Werke tun konnte, weil er selbst Gott war, der auf eine gewisse Zeit vom Himmel herniedergestiegen und menschliche Gestalt angenommen hatte, oder dass er Gottes eingeborener Sohn war, und von seinem Vater Macht zu allen solchen Werken bekommen hatte.

Nur wenige glauben, dass auch andere solche großen Wunder zu verrichten erlernen können, obwohl der große Lehrer selbst uns fest versichert hat, dass a l l e, welche w a h r h a f t glauben, dieselben Dinge tun werden, die er getan hat. — Wieder andere werden uns sagen, dass Jesus, als er diesen Ausspruch tat, nur die Apostel im Sinne hatte, nicht aber auch zukünftige Nachfolger und Anhänger seiner Lehre. — Dann wäre aber auch das ganze große Erlösungswerk nur für eine kleine, ausgewählte Schar geschehen, was jedoch in direktem Gegensatz zu des Meisters vielfachen Versicherungen steht und seine große Mission auf Erden bedeutend herabgemindert haben würde. — So bleibt uns nichts weiter übrig als die uneingeschränkte Annahme des Satzes: dass alle, welche wahrhaft glauben, wie es Jesus tat, in größerem oder geringerem Maße fähig sein werden, die Werke zu tun, die er tat. — Hieraus können wir auch weiter folgern, dass wir, so lange wir nicht die Früchte des wahren Glaubens hervorbringen, auch nicht glauben, wie es der Meister getan.

Trotz der hier angezogenen positiven Versicherungen der Bibel, hören wir oftmals (ja sogar von der Kanzel herab) sagen, dass die meisten der heutigen Glaubensheiler durch die Mithilfe Beelzebubs heilten. Man sagt den Gläubigen, dass nur die eine besondere Auslegung der Bibel den wahren Glauben darstelle und dass jede andere Auslegung falsch sei und vom Teufel herrühre, und dass deshalb auch die Werke derer, welche an die neue Lehre glauben, aus derselben Quelle stammen müssen.

Aber dank einer durchweg besseren geistigen Ausbildung beginnt sich jetzt nach und nach ein besseres Verständnis der Wahrheiten der Bibel, unter dem Volke sowohl als auch den Lehrern, Bahn zu brechen. —

Wenn wir die Berichte über die Heilungen, welche Jesus vollbrachte, in nähere Verbindung mit dem Inhalte seiner Lehren bringen, erhalten wir gleichzeitig eine Antwort auf die Frage, wie er heilte. Diese Heilungen können wir in drei Klassen einteilen.

Betrachten wir hier die erste derselben.

Jesus heilte erstens vermittelst direkter Berührung mit der Hand, indem er seine Hand dem Kranken auflegte. Die Mutter der Frau Petri wurde geheilt indem er ihre Hand ergriff. Die beiden Blinden wurden dadurch geheilt, dass er ihre Augen berührte; und in einem anderen Falle bereitete er aus Speichel und Staub eine Salbe und legte sie auf die Augen des Erblindeten. Einen Fall der Taubheit heilte er, indem er je einen seiner Finger in die Ohren des Tauben steckte. Des Mannes Stotterei wurde dadurch gehoben, dass er die Zunge desselben berührte.

In neuerer Zeit ist man vielfach der Meinung, dass Jesus diese Kranken durch Suggestion, durch Erweckung ihres Glaubens an ihre Heilung heilte. — Wir glauben aber, dass das Berühren der Kranken zu dem Zwecke geschah, um die Übertragung der heilenden Kraft auf den Kranken zu erleichtern, bzw. die eigenen wiederherstellenden Kräfte in demselben zu erwecken. Diese letztere Annahme wird von Christus selbst in dem Falle bestätigt, wo ein Weib den Saum seines Gewandes berührte; er erklärte, dass dabei eine Kraft von ihm ausgegangen sei. Der große Glaube des Weibes war ein Verlangen, auf welches die Kraft Jesu antwortete. Die Antwort war eine sofortige, ihr Wunsch sogleich erfüllt.

Baron Reichenbach und andere Männer der Wissenschaft haben durch mancherlei Experimente bewiesen, dass der Mensch mit einer lebendigen Kraft angefüllt ist, welche aus jeder Öffnung des Körpers: dem Munde, der Nase, den Ohren, sowie aus den Fingerspitzen und den Hautporen, wenn diese geöffnet sind, ausströmt. — Dr. Rochas in Paris hat ferner bewiesen, dass sogen. träge Stoffe von diesem Licht oder dieser Kraft durchdrungen werden können, und dass auf diese Weise auch gewisse Gefühle diesen trägen Stoffen mitgeteilt werden. — Dieser Kraft hat man verschiedene Namen gegeben, wie: Magnetismus, magnetisches Fluidum, Od, Lebenskraft usw. Dass sie mit dem Magnetismus verwandt ist, wird durch die Tatsache bewiesen, dass sie rötlich erscheint, wenn sie auf der rechten Seite des Körpers austritt, und bläulich, wenn sie auf der linken Seite austritt, und so dieselben Eigenschaften wie der negative und positive Strom aufweist, welche vom Pol eines Magneten ausgehen.

Das ist nun die Kraft, welche die Atome des Körpers in ihrem richtigen gegenseitigen Verhältnis zusammenhält, wenn sie in genügender Menge und Dichtigkeit vorhanden ist. Ist letzteres der Fall, dann sind wir gesund.

Entbehrt eine Person dieser Kraft oder dieses Fluidums, dann kann der Heilmagnetiseur oder eine andere gesunde Person, welche einen Überschuss an magnetischer Kraft besitzt, einen Teil dieser Kraft auf die betreffende Person übertragen. Das ist die Grundlage, auf der das magnetische Heilen beruht.

Aber nicht nur können durch eine weise Anwendung dieser Kraft Seitens des Heilers Krankheiten geheilt werden, sondern man kann durch dieselbe auch Personen hypnotisieren oder in magnetischen Schlaf versetzen. Mesmer nannte diese Kraft tierischen Magnetismus. Ich möchte sie lieber physischen Magnetismus nennen. Denn das, was wir bisher betrachtet haben, ist nur ein Teil dieser Kraft, und neben derselben, dem physischen Magnetismus, gibt es noch einen geistigen und mentalen. Aber alle drei sind nur Äußerungen der einen Lebenskraft auf verschiedenen Lebensgebieten. Leute, denen es an physischem Magnetismus fehlt, haben oft viel mentalen oder geistigen Magnetismus in sich, und so auch umgekehrt.

Christus war auf allen Gebieten des Daseins harmonisch entwickelt, und es unterliegt keinem Zweifel, dass er oftmals einen Teil seiner eigenen Lebenskraft auf die übertrug, welche er heilte. — Wenn er die Kranken berührte, dann übermittelte er ihnen nicht nur etwas von seiner physischen, sondern auch von seiner mentalen und geistigen Kraft.

Die zweite und dritte Art seiner Heilungen sind solche, wo er ohne physische Berührung Kranke heilte. Die Übertragung der Heilkraft geschah hier auf der mentalen und geistigen Ebene.

Die Fälle der zweiten Art sind solche, wo die Kranken anwesend waren, aber von ihm nicht berührt wurden. —

Bei der Heilung des Aussätzigen streckte er nur seine Hand aus und sagte: „Sei gereinigt, ich will es!" Wo immer er böse Geister austrieb, berührte er den Besessenen nicht, sondern befahl dem Geiste oder den Geistern nur, denselben zu verlassen. „Mit seinem Wort (oder durch seinen Befehl) treibt er die Geister aus." Dem Gelähmten befahl er, aufzustehen, sein Bett zu nehmen und nach Hause zu gehen.

Die Fälle der dritten Art sind solche, welche von den jetzigen Geistheilern „Fernbehandlung" genannt werden. Diesen ist der Fall von der Heilung der Magd des Hauptmanns, von der Tochter der Frau zu Kanaan und dem Sohne des Edelmanns zu Kapernaum zuzuzählen. — Für Geist und Gedanken gibt es keine Schranken: gleich den weit gröberen Atom-Schwingungen, welche uns als physisches Licht bekannt sind, überbrücken sie für uns unbegreifliche Entfernungen. Zeit und Raum in unserem Sinne gibt es für dieselben nicht.

Noch in zwei andere Klassen kann man die Heilungen, welche man Jesu zuschreibt, einteilen, und zwar in solche, welche einfach durch den Glauben der Kranken geschahen, und solche, welche durch eine besondere Anstrengung Jesu bewirkt wurden.

Wenn Jesus dem blinden Mann erklärt: „Dein Glaube hat dich gesund gemacht", dann müssen wir dies wörtlich nehmen und glauben, was er uns sagt. Die heilende Kraft befindet sich in allen Menschen, und unter geeigneten Umständen kann diese innere Heilkraft, welche bis dahin geschlummert, ganz plötzlich in Wirksamkeit treten. Fester Glaube und Zuversicht sind am meisten geeignet, die Tätigkeit der inneren Heilkraft hervorzurufen. — Die Innenkraft des Menschen ist unbegrenzt, aber sie äußert sich nur so weit als sie in Anspruch genommen wird. So weit des Kranken eigene Zuversicht, Glaube und Hoffnung geht, soweit kann sie sich manifestieren.

Wir hoffen nicht eher auf die Erfüllung irgendeiner Sache, bis wir g l a u b e n, dass sie sich erfüllen wird. Deshalb gehen Glaube und Hoffnung immer Hand in Hand, und ohne Glauben gibt es keine Hoffnung.

Die große grundlegende Wahrheit welche Jesus lehrte, war die Einheit zwischen Gott und den Menschen. Die Kraft, welche das Weltall erschuf, die Quelle und der Ausfluss aller Weisheit und Macht, befinden sich im Menschen. Aber nur wenige wissen etwas hiervon. Die Menschheit hat ihren Glauben hieran verloren, und wegen dieser ihrer Unwissenheit ist sie in den jetzigen trostlosen Zustand geraten. Sie verlässt sich nur auf ihre schwachen persönlichen Kräfte und stellt keine weiteren Anforderungen an die unbegrenzten Kräfte in ihrem Innern als es ihre Vorfahren seit Jahrhunderten getan. Ihre Unkenntnis der Tatsache, dass unbegrenzte Kräfte geduldig in ihrem Innern ruhen und des Aufrufs zur Tätigkeit harren, hält sie davon ab, größere Ansprüche an diese ihre Hilfsquellen zu stellen. — Nur durch die Erkenntnis der Wahrheit kann der Mensch mit seinem großen Erbe in Berührung kommen, und nur durch diese Erkenntnis wird er Glauben bekommen, und dieser Glaube wird wachsen und bei den Kräften im Innern beständig anklopfen, damit sie in ihm und durch ihn wirken. Deshalb ermahnte auch Jesus seine Jünger bei jeder passenden Gelegenheit, Glauben zu haben; und deshalb lehrte er sie die Wahrheit und gebot ihnen, in der Wahrheit zu bleiben.

„Und Jesus antwortete ihnen und sagte: „Habet Glauben zu Gott" (in euch). „Denn wahrlich, ich sage euch, wer zu diesem Berge sprechen wird, erhebe dich und wirf dich ins Meer, und hat keinen Zweifel im Herzen, sondern glaubt fest, dass die Dinge, welche er glaubt, geschehen werden, dem wird geschehen wie er sagt."

„Ferner sage euch: alle Dinge, um welche ihr bittet, werden euch werden, sofern ihr glaubet, dass ihr sie empfangen werdet".

Kann irgendein Satz klarer und bestimmter sein als dieser? — Und warum werden uns nicht die Dinge, um die wir bitten? Warum kann der Christ seine Krankheiten nicht heilen, wenn er krank ist? Warum hat er mehr Vertrauen zu Pillen und Pulvern wie zu seinem Vater im Innern? — Obgleich Jesus die Einheit Gottes mit der Menschheit lehrte, fühlt sich doch die große Mehrheit der Menschen von ihrem Gott, von ihrem Ursprung getrennt. Die Menschen beten nicht zu ihrem Vater im Innern, sondern zu einem Gott im Himmel, einem Gott, welcher sich in großer Ferne befindet, wo er ihre Gebete hören und erhören oder auch nicht erhören kann, — während Jesus mit Bestimmtheit versichert, dass es vor Gott keinen Vorzug und keine Laune gibt, sondern dass wir alles erhalten werden, was wir wünschen, wenn wir nur in dem festen Glauben beten und bitten, dass wir das, warum wir bitten, auch erhalten werden. — Er bestätigt uns ferner, dass die Kraft in uns nicht nur wesentlich unbeschränkt ist, sondern dass sie auch grenzenlose Liebe ist. Sie ist stets bereit zu geben und zu helfen, wenn wir uns nur in die rechte Verfassung bringen, wo wir in Übereinstimmung mit den Gesetzen unseres Wesens ihre Hilfe empfangen können.

Das ganze Geheimnis wird uns in den Worten Jesu enthüllt: „und sollst in deinem Herzen nicht zweifeln." Hier liegt der Schwerpunkt. Wenn wir auch mit allen Lehren

Christi voll und ganz einverstanden sind, so werden sie uns doch nichts nützen, so lange sie nicht einen Bestandteil unseres Herzens bilden oder ein Bestandteil unseres inneren und unterbewussten Lebens geworden sind. — Der bewusste Glaube einer Generation wird durch Vererbung zum unterbewussten der nächsten. Er bildet eine Gedankenatmosphäre, welche unser unterbewusstes Glaubensleben beherrscht.

Der bewusste sowohl als auch der unterbewusste Glaube der menschlichen Rasse ist nun bisher zum großen Teile ein sehr negativer gewesen. Er negiert vollständig die höheren Kräfte im Menschen, bis auf die wenigen, welche er im Verlaufe seiner physischen und (teilweisen) geistigen Entwicklung von selbst hervorgebracht. Und von diesem unterbewussten Gedankenleben werden wir beherrscht. Wir wollen dasselbe hier wie üblich Unterbewusstsein nennen. Dieses Unterbewusstsein. regiert diejenigen Funktionen unseres Körpers, welche wir als die unbewussten oder vegetativen bezeichnen. Es tut dieses zweifellos deshalb, weil es im Verlaufe der physischen Entwicklung des Menschen die Notwendigkeit der ordnungsmäßigen Regelung aller seiner Bedürfnisse erkannt hat. Aber der bewusste Glaube, ebenso wie Furcht Zweifel, usw. modifizieren diese seine Tätigkeit in sehr bemerkenswerter Weise. Jeder Metaphysiker weiß das, und jeder Arzt sollte es ebenfalls wissen. Viele von diesen wissen es auch, denn sie halten es für wichtig, dass von ihren Patienten jeder Gedanke der Entmutigung ferngehalten werde, und suchen gleichzeitig ihnen Mut und Hoffnung auf Genesung einzuflößen.

Wir müssen nun den ganzen Ballast dieses negativen unterbewussten Glaubens zu überwinden suchen, und das ist nicht eine Sache von einigen Tagen oder Wochen, sondern erfordert Jahre. Es ist ein langsames Wachsen; aber wir können dieses Wachsen beschleunigen. Wir können es fördern durch das Lesen guter Bücher, durch Nachdenken über die Wahrheit, durch Konzentrationen, und dadurch, dass wir uns öfter selbst versichern, „dass wir e i n s mit Gott sind", „dass die göttliche Kraft in uns, uns heilen k a n n und heilen w i r d", und anderes mehr. Auf diese Weise wird nach und nach unser Kleinmut verschwinden und unser negativer Glaube in einen positiven umgewandelt. Wir werden der Kraft in uns mehr Beachtung und Vertrauen schenken, und von ihr mit Zuversicht alles Erbetene erwarten. In manchen Augenblicken gläubiger Erregung werden wir fähig sein, die Fesseln, in welche unser unterbewusster Glaube unsere Seele gezwängt hat, ganz zu brechen, und dann werden wir erstaunt sein über die große innere Kraft, die wir damit frei-legen. Wir sehen auf diese Weise oftmals ganz verkommene Menschen plötzlich dem Guten sich zuwenden und ander-wärts sogen. „unheilbare" Krankheiten verschwinden. Wir sehen, wie der Körper Mühseligkeiten und Anstrengungen aller Art erträgt, welche ihm sonst zu ertragen unmöglich gewesen sind.

Was uns so in Augenblicken der Erregung möglich wird, sollte uns ständig zu tun möglich sein! Solches Kraftbe-wusstsein und solcher Kraftzustand sollten immer in uns vorhanden sein. Denselben erreichen wir nun, indem wir unseren unterbewussten negativen Glauben überwinden und die Wahrheit kennen lernen. Wir müssen sowohl mit dem Herzen wie mit dem Verstande glauben lernen.

Zu Zeiten wird der starke Glaube eines andern unseren unterbewussten Glauben an unsere Schwäche überwinden, und uns so zur Gesundheit verhelfen. Aber im letzten Grun-de ist es doch „der Vater" oder die Kraft in uns, welche uns heilt, und nicht der Heiler. Jesus sagte stets: „es ist der Va-ter, der diese Werke tut; ich selbst (als menschliche Persön-lichkeit) kann nichts tun."

Der Vater ist im Kranken ebenso gut wie im Heiler.

Wenn der Glaube des Kranken an die heilende Kraft eines Jesus stark genug ist, dann wird er geheilt werden, und wenn sein Glaube an die heilende Kraft des Vaters im Innern ein starker ist, wird er auch geheilt werden. Jesus wusste das recht gut, indem er sagte: „Dein Glaube hat dich gesund gemacht."

Aber bei anderen Gelegenheiten musste Jesus durch seine eigene geistige Konzentration auf den unterbewussten Geisteszustand seines Patienten einwirken, wenigstens zeitweise, um ihm bei der Überwindung seiner Krankheit zu helfen und die den Kranken umgebende ungünstige Geistesatmosphäre von ihm fernzuhalten. Deshalb sagte er auch einem Kranken: „gehe heim und sage es niemandem" (wie du geheilt worden bist.)

Stellt euch vor, euch wäre eine an der Lepra erkrankte Person bekannt, und ihr hättet niemals von der großen inneren Heilkraft des Menschen gehört, und der Leprakranke käme eines Tages zu euch und sagte: „ich bin jetzt vollständig geheilt." Würdet ihr nicht an seinen Worten zweifeln? und würdet ihr nicht davonlaufen, weil ihr niemals derartige Dinge gehört habt? — Nun, in diesem Falle würden sich eure Zweifel und eure Furcht sogleich auf den Kranken übertragen; der arme Mann wäre nun nicht mehr überzeugt, dass er tatsächlich geheilt war, und seine Furcht und seine Zweifel würden die zerstörenden Mächte in seinem Inneren aufrufen, und die Krankheit würde sich von neuem bei ihm einstellen. Denn es ist eine Tatsache, dass dieselben Gesetze, welche unsere Heilung bewirken, auch unsere Krankheiten hervorrufen.

So mancher Mensch kann rufen mit Hiob: „was ich gefürchtet habe, ist über mich gekommen", weil seine Befürchtungen eine stete Quelle zur Hervorbringung dessen waren, was er fürchtete — denn Gedanken der Furcht und des Zweifels sind negative, zerstörende Mächte.

Dass Jesus öfter durch eine tätige Konzentration seines Geistes und Willens Heilungen vollbrachte, geht aus mehreren Stellen des Neuen Testaments hervor. Als er den Tauben, welcher „eine schwere Zunge hatte" heilte, „blickte er auf zum Himmel, seufzte und sprach: sei geöffnet." Damit ist genau das Verhalten einer Person in dem Augenblicke der Konzentration gezeichnet. Die Augen blicken hinaus in den Raum ohne etwas zu sehen, denn die ganze - Aufmerksamkeit des Geistes des Heilers ist auf das begonnene Werk gerichtet. Wir schließen unwillkürlich unsere Augen und blicken ins Leere, wenn wir vermeiden wollen, dass wir durch den Anblick irgendeiner äußeren Sache abgelenkt werden.

In Summa: Jesus heilte, indem er die innere Heilkraft, welche in allen Menschen ist, hervorrief. Die Heilkraft befand sich ebensowohl in ihm selbst wie in den von ihm Geheilten. Durch seine eigene Glaubenskraft, oder sein Gebet und seinen Willen, veranlasste er dieselbe zur Äußerung; und infolge seines unerschütterlichen Glaubens stellten sich die gewollten Wirkungen ein. Durch seinen eigenen starken Glauben beeindruckte er während dies er Zeit das Unterbewusstsein des Kranken, und die Hindernisse, welche der inneren Heilkraft entgegenstanden, wurden hinweggeräumt. Jeder gute Heiler muss mit diesen Gesetzen bekannt sein und einen starken Glauben haben. Je Stärker sein Glaube, umso größere Ansprüche stellt er an die unbegrenzte Macht des „Vaters", in ihm, und um so mehr wird er imstande sein seine Patienten zu beeinflussen und sie zu heilen, seien sie nun nahe oder fern. — „Das Wort" oder der Gedanke bedarf keiner materiellen Brücke oder eines sichtbaren Drahtes zu seiner Übertragung. Das hat uns jetzt selbst die materialistische Wissenschaft bewiesen. — Die Seele, welche von ihrem innersten Wesen, von ihrer Bestimmung und ihren Kräften nichts weiß, befindet sich in einem Zustand des Todes. Wenn sie zur Wahrheit und zur Erkenntnis erwacht, so stellt das die zweite Geburt oder Wiedergeburt dar, von der wir im zweiten Kapitel gesprochen haben. Es ist das ein Hineintreten in ein volleres geistiges Leben. Dasselbe wird in der Folge auch die Ursache eines vollkommeneren physischen Lebens, denn der äußere Mensch ist stets ein Abbild oder ein Ausdruck des inneren Menschen, so weit dieser zum Leben und zum Bewusstsein gekommen ist.

Die Welt hat zumeist einen falschen Begriff von der Gottheit, und das ist die Ursache alles Elends. Erlösung hieraus kann uns nur durch eine wahre Gotteserkenntnis und durch ein richtiges Verhältnis zwischen uns und der Gottheit werden. Dann wird der Mensch die Gottheit zum Ausdruck bringen und Göttliches vollbringen, denn die Erkenntnis der Wahrheit wird sich in allem unserem Tun offenbaren.

Deshalb: „wer mein Wort höret und g l a u b e t a n d e n, d e r m i c h g e s a n d t h a t, hat das ewige Leben und wird nicht verdammet werden, sondern ist vom Tode zum Leben hindurch gedrungen."

7. Eins mit Gott.

In den Schriften vieler Mystiker ist die Rede von einer „Vereinigung mit Gott." — Auf der einen Seite behaupten sie, dass Gott und Mensch wesentlich eins sind und nicht voneinander getrennt werden können. Auf der andern Seite bemerken wir ein S t r e b e n nach einem gewissen Zustand, welchen sie „Vereinigung mit Gott" oder „Göttliche Vereinigung" nennen. Einige von ihnen erklären, dass sie diesen Zustand zu verschiedenen Zeiten in ihrem Leben erreicht hätten, während Christus unzweideutig und ohne Einschränkung von sich behauptet: „Ich und der Vater s i n d e i n s", und so uns andeutet, dass die Vereinigung mit der Gottheit bei ihm zu einem beständigen Zustand geworden war.

Alle, welche dies er göttlichen Vereinigung zustrebten, hatten gewisse Wege gefunden, welche zu derselben führten. Ignaz Loyola, der große Gründer des Jesuiten-Ordens, stellte zwei größere Etappen hierzu auf, welche wieder mehrere kleinere in sich einschlossen. Die zwei Stationen auf dem Wege zur göttlichen Vereinigung waren: Reue und Reinigung, denen die Vereinigung folgte. Die Reue bestand aus einer krankhaften Betrachtung jeder von dem „Sünder" begangenen Sünde und ihrem Bekenntnis dem Vorgesetzten gegenüber. Dem folgten als Strafe Beten, Fasten und größere oder geringere Selbstquälereien, die zur zweiten Station, der Reinigung führten. Die Reinigung war dann ein Gefühl des Vergebenseins für die begangenen Sünden. War dieser Zustand erreicht, dann wurde dem gereinigten Sünder erlaubt an dem heiligen Abendmahl teilzunehmen, — was für ihn die buchstäbliche Einnahme des Leibes und Blutes Christi bedeutete.

Heute verlangt man von den Mitgliedern der Kirche nicht mehr, dass sie sich solcher strengen Disziplin und solchen Kirchenstrafen unterwerfen, wie dies im Mittelalter der Falls war. Aber es besteht noch die Vorschrift einer sogen. vollständigen „Gewissensprüfung", d. h. ein sich Erinnern aller seit der letzten Beichte begangenen Sünden, welche dann zusammengefasst dem Priester zu beichten sind. Dieser hört ratend und warnend dem Bekenntnis zu und erteilt einige leichte Kirchenstrafen, bestehend in dem Hersagen einiger Vaterunser, Ave Marias oder Litaneien, oder in Fasten, oder in dem Spenden einiger Kirchenkerzen, oder in einer Wallfahrt nach irgendeinem heiligen Ort, — je nach des Beichtvaters persönlicher Wahl. — Aber in keinem Fall ist es einem Priester erlaubt, für die Erteilung der Absolution Geld zu nehmen, wie so manche mit den Kirchenregeln Unbekannte annehmen und aussprechen.

Nach der Beichte hat der Sünder eine Anzahl Gebete durchzulesen, welche sich mit der Reue für begangene Sünden beschäftigen und in welchen der Entschluss, in Zukunft ein besseres Leben führen zu wollen, ausgedrückt ist. Danach ist derselbe — vorausgesetzt, dass er seit dem Abend zuvor keine Nahrung zu sich genommen hat — zum Empfange des hl. Abendmahls vorbereitet.

Obgleich uns die von der Kirche angewandten Mittel und Wege als recht veraltet, und ihre Lehren über die Vereinigung mit der Gottheit als mit Irrtümern vermischt erscheinen, haben sie doch in den verflossenen dunkleren

Jahrhunderten einen guten Zweck gehabt. Ebenso sind auch viele der heute noch bestehenden Gebräuche der Buddhisten und Brahmanen für die Bedürfnisse längst vergangener Zeitalter und Völker bestimmt gewesen.

Unter allen diesen religiösen Gebräuchen sehen wir aber die Religionsübungen Christi als die vernünftigsten und wirksamsten hervorleuchten. Er hat uns b e w i e s e n , dass wir eine vollkommene Vereinigung mit der Gottheit oder dem Göttlichen im Menschen ohne Askese und Selbstquälerei, ohne die Ausübung strenger Ordensregeln und mystischer Gebräuche erreichen können. Er verlangt auch keine Ehelosigkeit und keine Armut. Die Ehelosigkeit steht in direktem Gegensatz zu den Absichten der Natur, und selbstgewollte Armut und Abhängigkeit von anderen ist heute ein Odium für Gott und Menschen. Wenn uns gesagt wird, dass Christus arm war, so antworten wir darauf, dass in dem Zeitalter und in den Verhältnissen, wo Jesus lebte, er ein solches Leben ohne jeden Anstoß führen konnte, dass aber bei unseren heutigen sozialen Verhältnissen ein Lehrer nur dann die Achtung seiner Mitmenschen sich erringen und Einfluss gewinnen wird, wenn er sich durch seine Tätigkeit selbst ernährt.

Vereinigung mit Gott bedeutet für uns nicht ein Sichverlieren im Weltall oder ein „Aufgehen in Brahma", sondern es bedeutet die Individualisierung der Eigenschaften der Weltseele; es bedeutet die Individualisierung der Attribute Gottes im Menschen; es bedeutet ein Herausbilden oder Manifestieren der uns innewohnenden göttlichen Möglichkeiten in den Menschen und Völkern. Dies ist ein Zustand weit entfernt von einem Aufgehen der Persönlichkeit im Weltall oder einem vollständigen Verlust der Individualität. Die Vereinigung mit der Gottheit bedeutet vielmehr für uns: mehr Leben, mehr Gesundheit, mehr Liebe, Weisheit und Macht, und mehr Persönlichkeit. Das ist die Vereinigung mit dem Vater, welche Christus lehrte. Sie hat ein „ewiges Leben" mit unaussprechlicher Glückseligkeit und unaussprechlichen Freuden im Gefolge.

Wir resümieren weiter und behaupten, dass die göttliche Vereinigung weit von ihrer Vollendung entfernt ist, wenn sie schließlich nur eine hohe Begeisterung und ein Gefühl der Zusammengehörigkeit mit der Gottheit hervorbrachte, wie uns vom hl. Franziskus, von Madame Guyon und anderen berichtet wird. Gleich dem Glauben ist sie ein Nichts, wenn sie nicht in entsprechenden Taten und Werken ihren Ausdruck findet.

Sind wir nun schon wesentlich eins mit dem Vater, so wird doch eine „Vereinigung" erst durch die Kenntnis und Erkenntnis dieser Tatsache und durch einen Zustand der Harmonie zwischen unserem inneren und äußeren Leben herbeigeführt. Eine v o l l e r e Erkenntnis und ein lebhafteres Gefühl dieser Vereinigung werden dann noch durch häufiges Nachdenken über diesen Punkt herbeigeführt. Hierbei gebührt auch dem Verstande sein Teil, denn ohne Zutun des Verstandes artet die Sache leicht in Gefühlsduselei, Somnambulismus und Mediumismus aus. Selbst Besessenheit kann daraus entstehen, wenn der der göttlichen Vereinigung Zustrebende nicht auch sein ganzes Leben zu heiligen und seinen Charakter zu vervollkommnen sucht.

Man sollte jeden Tag wenigstens eine halbe Stunde auf diese Sache verwenden, sich in die Stille zurückziehen und eine heilige Kommunion mit dem göttlichen Selbst abhalten. Das tat ohne Zweifel auch Jesus, wenn er sich zurückzog und in die Wildnis entwich. Er machte es aber nicht wie gewisse ältere und neuere Propheten, die sich ganz von der Außenwelt abschlossen, sondern er trat wieder hinaus ins Leben, wenn er durch seine Kommunion mit dem Vater neues Leben und neue Kraft erlangt hatte. Dann benutzte er die erlangte Kraft, Gutes zu tun und die Menge zu belehren.

— Mit anderen Worten: er war gewöhnt den „Vater" in sich nach außen auszuwirken.

Die Vereinigung mit Gott bestand bei Jesu nicht in einem Schwelgen in übersinnlichen Empfindungen und Betrachtungen, sondern darin, „den Willen dessen zu tun, der ihn gesandt hatte". Er war von der Tatsache überzeugte dass man nur dann eins mit dem Vater werden kann, wenn man seinen Willen tut. — Wir müssen für die Gesetze unseres Seins empfänglich und ihnen gehorsam werden.

Unsere vornehmste Pflicht ist, uns selbst zu vervollkommnen, und dann mit der so von uns erlangten Weisheit und Macht anderen zu helfen.

Sich mit Gott vereinigen, heißt: liebevoll und hilfreich zu unseren Mitmenschen sein; und indem wir seinen Kindern, unseren Brüdern und Schwestern dienen, erfüllen wir unsere Pflichten gegen Gott. „Was ihr einem unter diesen getan, das habt ihr mir getan."

Die Beobachtung der Kirchenregeln und Zeremonien kann so lange als etwas Gutes betrachtet werden, als sie uns auf unserem Wege zu Gott, in unserem Wachstum zum Göttlichen eine Stütze sind; aber wir erweisen damit Gott keinen Dienst, denn er benötigt und verlangt solche Dienste nicht. Was er von uns verlangt, das ist dienende Liebe zu unseren Mitmenschen. Diese wird von gar vielen benötigt. Aus diesem Grunde sehen wir auch Jesum die Kirchenleute seiner Zeit zurechtweisen. Sie waren eifrige Verfechter der Kirchenlehren, der Fastenvorschriften und der Zeremonien und öffentlichen Gebete, während sie das, was ihnen wirklich nötig und nützlich: den göttlichen Liebegeist und die Hilfsbereitschaft gegen die Menschen, arg vernachlässigten.

„Liebe deinen Nächsten wie dich selbst, mit dieser Vorschrift erfüllst du das Gesetz und die Propheten." Wenn die göttliche Liebe voll und ganz in uns und durch uns zum Ausdruck kommt, dann stehen wir nicht mehr auf dem

Kriegsfuße und befinden uns nicht mehr in Zwiespalt mit ihnen.

Wenn wir den göttlichen Willen in allen Dingen befolgen, wenn wir Gottes Willen zu dem unsrigen machen, dann wird Gott wirklich und wahrhaftig durch uns wirken, und wir werden eins mit dem Vater, — sowohl im Leben und Tun, wie im innersten Wesen. — Gott ist das Licht, das die Welt erleuchtet. Wenn wir danach streben, äußerlich unserem inneren Urbild gleich zu werden, nachdem wir das göttliche Licht in uns erkannt haben, dann wird es auch zur Pflicht für uns „unser Licht vor den Menschen (in einem guten Leben und in guten Taten) scheinen zu lassen", damit sie unsere guten Werke sehen und den Vater im Himmel (in uns) verherrlichen.

Auch heute noch nimmt der Gegensatz von der göttlichen Lehre, das alte mosaische „Auge für Auge und Zahn für Zahn" den größeren Platz in der menschlichen Gesellschaft ein. Man sagt uns, das seien die Gesetze der Gerechtigkeit. Aber meine lieben Freunde, es gibt kein v o l l - k o m m e n e s Gesetz der Gerechtigkeit, wenn es nicht auch ein Gesetz der Liebe ist. Gottes Gesetz der Gerechtigkeit ist stets und immer ein Gesetz der Liebe gewesen und wird es immer sein, wenn es auch oftmals scheinen mag, als ob das Gegenteil der Fall wäre. Die Gesetze der Gerechtigkeit der Menschen sind aber oftmals Gesetze des Hasses, der Selbstsucht und des verwundeten Stolzes. Die Züchtigungen Gottes, d. h. die natürlichen Folgen unserer Abweichungen vom Wege der Natur, sind von der Liebe eingegeben und von Liebe begleitet, denn sie sind nur dazu bestimmt, uns zu bessern, nicht aber dazu, uns zu strafen. Sie haben die Bestimmung uns auf die rechte Bahn und dem Lichte näher zu bringen.

Eine ewige Hölle ist deshalb etwas ganz Unmögliches und ganz unvereinbar mit Gottes Gerechtigkeit und Liebe.

Die alte Lehre, dass die Sünde der Menschen eine Beleidigung des ewigen Gottes sei und deshalb auch ewige Strafen verdiene, ist eine durchaus irrige. Es ist nur ein endliches Geschöpf, welches beleidigt (wenn von solcher Beleidigung überhaupt die Rede sein kann) und seine Strafe muss deshalb auch eine endliche sein. Wenn wir hier den Menschen ein „endliches" Geschöpf nennen, so meinen wir natürlich d e n Teil desselben, welchen wir mit „Persönlichkeit" oder „Körper" bezeichnen, und welcher einem beständigen Wechsel unterworfen ist.

Christus wusste, dass das jüdische Gesetz der Gerechtigkeit kein göttliches Gesetz war. Gottes Gesetz ist L i e b e ; und wenn ihr ernstlich danach strebt, eins mit dem Vater zu werden, wie es Christus war, dann müsst ihr seine Mahnungen stets im Gedächtnis haben und sie befolgen, und „eure Feinde lieben; segnen, die euch fluchen; Gutes tun denen, die euch hassen, und beten für die, die euch beleidigen und verfolgen, — damit ihr Kinder seid eures Vaters im Himmel, denn er lässt seine Sonne scheinen über Böse und Gute und schickt seinen Regen über Gerechte und Ungerechte."

„ . . . Deshalb seid vollkommen, wie euer Vater im Himmel vollkommen ist."

„Richtet nicht, damit ihr nicht gerichtet werdet."

„ . . . Darum tut auch anderen, was ihr wollt, dass man euch tue."

„ . . . Nicht jeder, der da sagt zu mir: Herr, Herr, wird in das Himmelreich kommen, sondern der den Willen tut meines Vaters im Himmel."

Man beachte hier die Bedeutung des Wortes „Himmel" in Verbindung mit der Bestätigung Christi: „Das Himmelreich ist in euch". Denn hier ist das Himmelreich in uns gemeint, in welches wir „eingehen", oder das wir erkennen, oder dessen wir uns bewusst werden sollen. Der Vater, „der da ist im Himmel", wohnt hier (im Menschen), und wir werden bewussterweise eins mit ihm von dem Augenblick an, wo wir seine Gegenwart erkannt haben, uns als wahre Söhne und Töchter Gottes und Miterben Christi fühlen und demgemäß leben.

„Denn wer den Willen meines Vaters im Himmel tun wird, der ist mein Bruder, meine Schwester, meine Mutter."

Einheit mit dem Vater im Bewusstsein und in der Absicht erschließt uns alle Gaben und Gnaden, die Jesus besaß, derer er sich so ausgiebig erfreute und welcher er sich im Dienste der Menschheit so willig bediente. Einheit mit dem Vater bringt uns in nächste Berührung mit dem Meister. Auch heute noch — wie früher — ist sein einziger Wunsch und sein einziges Vergnügen, der Menschheit zu helfen, und alle, welche seine Hilfe ernstlich suchen, werden sie auch finden. Sein Ohr ist immer noch jedem Klageruf und jedem Ruf nach Hilfe geöffnet, und sein liebendes Herz wird seinen schwächeren Brüdern und Schwestern keine Bitte versagen, die er erfüllen kann.

Nehmen wir einen Augenblick an, lieber Leser, dass du von einer göttlichen Sehnsucht erfüllt wärest der Welt zu helfen — was wir auch glauben — und würdest plötzlich in die geistige Welt versetzt: — Würde dann deine göttliche Liebe dich nicht immer noch dazu drängen, denen auf der Erde zu helfen? — Und können wir daran zweifeln, dass Jesus auch jetzt noch ohne Aufhören für seine Mitmenschen arbeitet? — Er ist heute noch derselbe Lehrer und Heiler, wie ehemals, und seine Kraft ist noch heute dem Dienste der Menschheit gewidmet wie zu jener Zeit, da er leiblich auf Erden wandelte. Sein Segen kommt über alle, welche gleich ihm versuchen die Gefallenen aufzurichten, die Kranken zu heilen und die Betrübten zu trösten. Diese sind seine Jünger, seine Brüder und Schwestern und seine Mütter. Sie sind wahre Kinder ihres himmlischen Vaters, denn sie tun seinen göttlichen Willen.

Lasst uns deshalb die nicht verspotten, welche mangels einer tieferen geistigen Einsicht des Mittlers zwischen Gott und Menschen, Christi, nicht entraten können und zu dem persönlichen Jesus um Hilfe flehen. Lasst uns vielmehr sie belehren und ihnen helfen die immer gegenwärtige Hilfe in ihrem Innern, den Gottesgeist oder Christus zu finden, den zu suchen und zu finden wir alle, früher oder später, bestimmt sind. Es ist derselbe Christus, der in Jesu in vollkommenster Weise zum Ausdruck kam. Durch unser Bestreben, die Gegenwart der Göttlichkeit in uns zu erkennen, werden wir in die geeignete Lage gebracht, wo die göttliche Hilfe zu uns kommen kann.

Warum in weiter Ferne suchen, was jedem Herzen so nahe liegt? — Nur wenn wir uns unfähig fühlen die innere Hilfe zu ergreifen, ist es gerechtfertigt, wenn wir Hilfe bei Menschen oder Geistern suchen. Aber die Abhängigkeit von andern wirkt immer schwächend, während die Abhängigkeit bzw. die Unterordnung unter unsere innere Kraft uns stark macht. Unser ganzer Körper wird alsdann von dieser Kraft erfüllt, sie wird unsere eigene Kraft, und fließt durch uns hindurch, um der Welt Liebe und gute Werke zu bringen. Wir werden mit ihr vereinigt, und diese Vereinigung ist des Strebens wert.

Hinweg deshalb mit allem Mystizismus und allen Zeremonien, denn die Kinder des Lichts benötigen derselben nicht. Sie sind bestenfalls Krücken, auf welche man sich eine Weile stützen kann. Aber viele sind so verliebt in diese Krücken, dass sie sich weigern, sie wegzuwerfen, wenn sie sie entbehren können. Sie bleiben geistige Krüppel und Schwächlinge, während sie aufrecht im Lichte des Vaters wandeln und ihre göttliche Erbschaft zu voller Entfaltung bringen sollten.

8. Erlösung durch Leiden.

Die Erlösung bildet einen wichtigen Bestandteil aller Religionen. Um diesen Kern herum gruppieren sich alle anderen Fragen. Lehren und Dogmen legen von ihr Zeugnis ab, und Symbole und Zeremonien deuten auf sie hin.

Wenn man aber fragt, worin die Erlösung besteht, so wird man recht verschiedenartige Antworten erhalten, je nachdem, wen man fragt. Einige werden sagen, die Erlösung bedeutet das Eingehen in den Himmel, andere: es besteht in dem Vermeiden der Höllenstrafen, — was im Grunde genommen dasselbe meint. Wieder andere werden uns sagen, sie bestehe in der Entbindung von den Sünden oder der großen Erbsünde, welche seit Jahrtausenden, seit Adam und Eva auf uns lastet.

Alle anderen Religionen und biblischen Auslegungen beiseite lassend, wollen wir hier nur die Lehren unserer christlichen Bibel über diesen Punkt betrachten. Sie erklärt klar und deutlich, dass „Erlösung" die Befreiung von der Sünde und allen Leiden bedeutet. Das werden alle Christen zugeben. Sie werden ferner zugeben, dass alle weiden Folgezustände der Sünde sind, wenn wir unter Sünde im weitesten Sinne jeden Verstoß gegen die Naturgesetze bzw. Gottesgesetze verstehen.

Der Mensch kann sich in dreifacher Weise gegen die Gottesgesetze, welche gleichzeitig die Gesetze seines Seins sind, vergehen, und zwar durch Gedanken, Worte und Werke. Er kann ferner bewusst oder unbewusst gegen die Gesetze seines Seins sich versündigen.

Jede Tat bildet eine Ursache, die irgendwelche Folgen zeitigt, welche nun wohltätig oder verderblich sowohl auf - den Urheber der Tat wie auch auf andere wirken können.

Die wahren Folgen einer Tat mögen oftmals äußerlich nicht zu erkennen sein.

Nehmen wir als Beispiel einen Dieb, welcher Geld gestohlen hat. Derselbe wird nicht entdeckt, und die Folgen seiner Tat sind für ihn in jeder Weise günstig: er kann sich mit dem Gelde Wohnung, Kleidung und Nahrung verschaffen, sowie alles sonstige Nötige, was er für sich oder andere braucht. Das ist gewiss eine vorteilhafte Sache. — Aber der Zweck unseres Daseins besteht in der Entwicklung der unserer Seele innewohnenden Kräfte und Fähigkeiten. Ziele derselben offenbaren sich von selbst bei der Arbeit und bei der geistigen Tätigkeit, welche zu jeder mit Überlegung ausgeführten Arbeit gehört. — Um den Menschen zur Arbeit zu nötigen, hat die Natur eine Menge Bedürfnisse geschaffen, welche natürlicherweise nur durch entsprechende Arbeit erworben werden können. Wenn nun der Dieb von dem Erworbenen anderer lebt, ohne selbst zu erwerben, dann lebt er nicht recht, nicht zu seinem eigenen endgültigen Besten. Das erhebende Gefühl der Selbsterhaltung und Selbstachtung wird ihm fremd bleiben, so lange er seinen schändlichen Handel betreibt, und die Eigenschaften, welche in seiner Seele schlummern, werden nicht zum Leben erwachen. — Das ist aber eine Strafe für ihn, denn so lange bis der Christus in der Seele des Menschen erwacht und hier unumschränkt herrscht, befindet sich der Mensch in allem möglichen Elend, der H ö l l e , — und von d i e s e r Hölle, von diesem Elend und die es begleitenden Leiden sollen wir erlöst werden, — denn unsere gegenwärtigen Sünden sind die Ursache weiterer schlechter Folgen, weiterer Höllen.

Aus diesen Höllen kann uns nur Christus erlösen; — der eine universale, allgegenwärtige Christus, der Sohn des Vaters, wovon der Mensch Jesus der vollkommenste Ausdruck oder die vollkommenste Verleiblichung war, — aber nicht die einzige, denn Christus und der Vater sind nur Prinzipien des einen Gottes, welcher sich überall, und also auch im Herzen der Menschen befindet. Dieses Christusprinzip ist der „Christus in uns", den St. Paulus uns so oft als unseren Erlöser bezeichnet. — Jesus war eine der ersten Früchte am Lebensbaum, und wir sollen an. demselben Baume ausreifen, wo er ausreiste. Es ist uns dieselbe Möglichkeit des Erfolgs gewährleistet wie ihm; sie liegt in unserer gemeinsamen Brüderschaft unter einem Vater, — und in der uns eingepflanzten göttlichen Natur.

Ja, meine Brüder und Schwestern, — ist dieses Evangelium nicht Gottes und der Menschen wert? — Gleich wie Jesus ein Sieger zu sein über alle Sünden und alle Leiden und mit ihm aufzusteigen zur Herrlichkeit des in uns wohnenden Christus?!

Lasst uns die hierzu nötigen Leiden nicht scheuen, denn die ganze Schöpfung seufzt unter der Arbeit. Die äußere Welt ist in einem Zustand beständigen Wachsens und Wechselns. Das Alte wird beständig geläutert und wird wieder neu.

Betrachten wir das Werden einer Eiche. — Die Eichel ist in irgendeinen Erdspalt oder reine Vertiefung gefallen. Die darüber hinstreichenden Winde bedecken es mit Blättern und losen Erdteilchen, und diese werden von schmelzendem Schnee- und Regenwasser durchfeuchtet. Danach beginnt das Keimen und Wachsen der Pflanze. — Das Wasser hat in der Ökonomie der Natur eine besondere Mission zu erfüllen. Die kleinen Wasserteilchen versuchen fortwährend in die festen Körper zu dringen und hier kleine festere Teilchen loszulösen. — Sorge und Gram tun dies ebenfalls. Sie sind zersetzende Kräfte, sowohl in geistiger wie in physischer Hinsicht Lasten sie zu lange auf uns, dann untergraben sie unsere Gesundheit, stören unsere körperlichen Funktionen und lösen die Gewebe des Körpers auf. Der Kummer macht uns auch nachdenklicher und in uns gekehrter. Er lässt schlechte Gedanken nicht mehr aufkommen und stimmt uns ernster. Er unterbindet die Neigung zum Sündigen und lässt unser Seelisches mehr zum Durchbruch kommen. Indem so die äußeren Widerstände gebrochen werden, gewinnt das Christus-Prinzip die Oberhand und fängt an den ganzen Menschen zu regieren. Deshalb sprechen wir auch von den „Wassern der Unruhe und Betrübnis." Die Betrübnis ist für unsere Seele dasselbe, was das Wasser für die Schale der Eichel ist: das verhärtete Äußere wird durch dasselbe zersetzt, so dass das neue sich vorbereitende Leben hindurch dringen kann. Die äußersten, härtesten und rauesten Teile, diejenigen, welche dem inneren Lebensstern am fernsten liegen, werden von der Eichel abgestoßen.

Ebenso müssen auch wir zuerst alle die Charaktereigenschaften ablegen, welche am weitesten von Gott entfernt sind oder der göttlichen Natur der Seele am fernsten liegen. — Wie im Kern der Eichel die Lebens-Elemente verborgen liegen, welche zur Bildung der neuen Pflanze gebraucht, und von dieser herausgeholt und verfeinert werden; — so soll es mit einigen unserer seelischen Eigenschaften und Neigungen geschehen: — nachdem sie ihrem Zwecke auf der physischen Ebene gedient, brauchen sie nicht zerstört zu werden, sondern sollen nur verfeinert und zu höherem Dienste brauchbar gemacht werden.

Die eigentliche Ursache des Keimens und Wachsens des

Samens ist die Wärme. Sie kommt von einer höheren Quelle, der Sonne. Zuerst erhält der Same die Wärme indirekt, durch Vermittlung erwärmten Regens und der erwärmten Erde. Aber von dem Augenblick an, wo die junge Pflanze an die Oberfläche kommt, und so teilweise ihrer dunklen Umgebung entwächst, erhält sie das belebende Sonnenlicht direkt. Von da ab steht sie in direkter Wechselwirkung mit „dem Vater" unseres Sonnen-Systems.

So verhält es sich auch mit dem Wachstum des Menschen. Die Göttlichkeit, der Christus in uns, gibt der Seele den Anstoß nach Höherem zu streben, und die Wasser der Betrübnis helfen die Scheidewände auflösen, welche den Christus nach innen abschließen. — Bald werden wir dann das neue Leben, das Christus-Leben, Versuche machen sehen durch unsere sündhaften Gewohnheiten und tierischen Neigungen hindurchzubrechen. Darauf folgt ein Zustand der Unruhe und Auflösung, welcher uns sehr elend macht. Während die Seele den Christus zu gebären versucht, erleidet sie heftige geistige und oftmals auch körperliche Schmerzen. Leute, welche in diesen Zustand geraten und sich denselben nicht zu erklären vermögen, werden dadurch geängstet und erschreckt. Es überkommen sie sonderbare Empfindungen, welche sie früher nicht gekannt haben. Selbst ihre Beziehungen zu anderen Sachen scheinen sich zu verschieben.

Viele Personen, welche sich klagend an den Schreiber dieses wandten, er möge sie von schlechten Angewohnheiten befreien, und die dieserhalb von demselben behandelt wurden, erhielten auch Anweisung, täglich mit dem ChristusGeiste in ihnen Verbindung zu suchen, eine hl. Kommunion mit ihm abzuhalten. Nach Verlauf von zwei Wochen bis zu zwei Monaten erhielt er von mehreren derselben Briefe, aus welchen hervorging, dass ihre Schreiber sich in einem schrecklichen Zustand befanden: einige von ihnen glaubten sogar wahnsinnig werden zu müssen. — Danach wurde derselben das Gesetz der Erlösung erklärt und sie wurden gebeten, ihren gegenwärtigen unangenehmen Zustand nur als einen vorübergehenden zu betrachten, dem der Sieg unmittelbar folgen müsse, und dass dann ein Friede über sie kommen werde, den sie bisher noch nicht gekannt hätten.

Patienten, welche Schreiber körperlicher Leiden wegen behandelte, fühlten sich auch oftmals in der ersten Zeit der Behandlung kränker als zuvor. Es stellten sich Perioden physischer und geistiger Abgespanntheit ein. — Die Gesetze der Erlösung sind dieselben wie die der physischen Heilung, denn auch hier sind alte verrottete Zustände aufzuheben und zu lösen. So lange nun diese Auflösung der alten Verhältnisse langsam und gradweise vor sich geht, wird sie nicht unangenehm empfunden; wenn aber der Zeitpunkt herankommt, wo das innere Leben verzweifelte Anstrengungen macht um durchzubrechen und die Herrschaft zu gewinnen, dann gibt es Schmerz und Pein wie bei der Geburt eines Kindes, — und auch hier werden sich die Anläufe wiederholen, wenn der erste nicht zum Ziel geführt hat.

Alle, welche den inneren Christus behufs Befreiung von Sünde und Krankheit anrufen, werden diese Erfahrungen machen. Sie stellen sich i m m e r ein, wenn sie auch in manchen Fällen so leichte sind, dass sie kaum bemerkt werden.

Wenn ihr den Christus bittet, er möge euch aus den Fesseln einer leidigen Gewohnheit, welche sich hartnäckig festgesetzt, befreien, so werdet ihr bald einen Wechsel in eurem Gemütszustand bemerken. Ihr werdet ernster und nachdenklicher werden. Ein Gefühl der Schwere und Traurigkeit wird nach und nach über euch kommen, wodurch ihr wenig geneigt werdet, sinnlichen Lüsten nachzugeben. Oder es wird etwas eintreten, was euch traurig stimmt.

Das hat nun scheinbar nichts zu tun mit eurem Gebet um Erlösung. Aber im Grunde gehört es doch zusammen. Der

Christusgeist, an den ihr euch wendet, ist ebensowohl in euch selbst wie in andern, und ihr erhaltet auch seine Antworten oftmals durch andere, oder die Mittel und Wege, welche zu eurer Befreiung führen, werden euch durch andere bekannt gegeben. So geschieht es auch oftmals, wenn ihr um Erlösung aus eurer Armut bittet, dass sich euch wie zufällig Gelegenheiten bieten, welche euch in bessere Verhältnisse zu führen geeignet sind. Was euch aber als Zufall erscheinen mag, ist das Ergebnis eines Gesetzes, so feststehend wie das der Schwere.

Gewiss gibt es noch manches Geheimnis eingeschlossen in den Falten eurer eigenen Seele. Lasst uns deshalb den Blick vom Weltrausch abwenden und in das eigene wahre Selbst hineinsehen. Lasst uns von der übermäßigen Abhängigkeit von Menschen und Dingen uns frei machen und auf d a s Leben sehen, das alle diese Dinge erst ins Dasein rief, und das eine unbeschränkte Macht über sie hat, wenn seine Wirksamkeit nicht durch Zufall oder unsere eigene Narrheit und Unwissenheit verhindert wird. Lasst uns ferner daran denken, dass alles geistige Wachstum und alles Heil uns erst durch Leiden kommt; und wenn dann die Leiden kommen, dann heißt sie als Boten einer neuen, besseren Zeit willkommen.

Es besteht ein Kampf zwischen unserer alten, ererbten tierischen Natur, welche nicht weichen will, und den göttlicheren. Neigungen unserer Seele, welche hindurch dringen wollen. Durch diese gegenseitigen Reibungen entstehen Unruhe, Schmerzen und Leiden. Aber wenn die Seele die sie umgebende harte Schule gesprengt hat, dann tritt sie in direkte Verbindung mit ihrem Christus oder ihrer geistigen Sonne, von welchem alles Gute und Göttliche abstammt. Nun wird sie nicht mehr in Dunkelheit, sondern im Lichte der Wahrheit wandeln. Das Alte ist für sie vergangen, und sie wird sich einer inneren Harmonie und eines Friedens erfreuen, welche das Verständnis aller derer übersteigt, die diesen gesegneten Zustand noch nicht erreicht haben. Sie wird nun die Bedeutung des Wortes: „Durch Finsternis zum Licht; durch Leiden und Kreuz zur Krone" erkannt haben.

9. „Widersteht nicht dem Übel.“

Die Natur und der Mensch sind fortschreitende Offenbarungen der Gottheit. Die große Einheit aller Liebe, Weisheit und Macht, die große Ursache, welche wir Gott nennen,
kommt in der Natur und den Menschen und durch dieselben
zum Ausdruck. Zuerst sehen wir die einfachsten und primi-
tivsten Eigenschaften, welche in der Ersten Ursache als
göttliche Möglichkeiten ruhen, erscheinen, dann folgen
neue und vollkommenere Zustände, weiche das erst Er-
schienene ergänzen. Entwicklung ist ein Wachsen vom Guten zum Besseren und vom Besseren zum Besten. Es ist gut,
zu leben wie die Pflanzen; es ist besser, wenn zum vegetativen Leben freie Bewegung und Empfindung tritt, wie
beim Tier; und es ist noch besser, außer diesen noch Vernunft, bewusstes Leben und Willen zu haben, — wenn auch
die ersten Manifestationen der erwachenden Vernunft oftmals unvernünftig erscheinen und den Menschen zeitweilig
in eine üble Lage bringen. Aber die üblen Erfahrungen sind
für die Geschöpfe Gottes gute Lehren, welche dieselben,
und speziell den Menschen, bald auf bessere Wege bringen
werden. Eines Tages wird er seine Zusammengehörigkeit
mit dem großen Gesetz, mit Gott dem Vater, gewahr wer-

den, und dadurch, dass er dem erkannten Gesetz der Harmonie gehorsam wird, werden ihm seine höhere Wohlfahrt, sein höheres Glück und seine höhere Entwicklung gewährleistet.

Gesetz der Harmonie! — Was für eine wunderbare Bedeutung haben diese Worte für uns! und was für Ausblicke eröffnen sie uns; Ausblicke, welche der erhabene Jesus, Buddha und andere große Lehrer der Menschheit genossen haben. Jesus erkannte dieses große Gottesgesetz, als er sagte: „Liebe deinen Nächsten wie dich selbst." — Das Gottesgesetz im Menschen, der Geist, der Vater, drängt zu diesem Zweck nach vorwärts. Nur indem wir unsere Nächsten lieben wie uns selbst, kommen wir in Einklang mit dem universalen Trieb, welcher stets und ständig den Menschen zu erheben und zu vervollkommnen sucht. Befinden wir uns im Einklang mit ihm, dann treiben wir im Ozean der Liebe und sind eins mit ihm. Wenn wir ihm widerstehen, begegnen wir überall, innerlich und äußerlich, Widerständen, und müssen die üblen Folgen solchen Widerstandes, bestehend in Schmerzen und Elend aller Art, ertragen.

Das ist der Grund, weshalb Zweifler und Weltschmerzler in der Regel schwach und unglücklich sind. Die Große Ursache im Menschen versucht fortwährend ihm Hoffnung einzuflüstern. Sie sagt: „Ich bin mit dir alle Tage!" „Ich bin dein Schild und deine Zuflucht, vertraue der Kraft in dir!"

Wenn wir an dieser inneren Macht und an dem Guten in uns und anderen zweifeln, befinden wir uns nicht in Übereinstimmung mit unserer inneren Natur, welche Liebe, Weisheit und Macht und das Gute selbst ist. Wir fühlen einen Zwiespalt, ein Unbehagen und einen Missklang im Innern, welche uns elend und schwach machen, — schwach besonders deshalb, weil wir uns allein und verlassen fühlen; und dieses Gefühl in unserem Bewusstsein ist der Zustand, welcher uns in der Erweckung und Benutzung der in uns schlummernden Kräfte behindert. Wir glauben nicht, was wir haben, und tun nicht, was wir sollten.

„Wie der Mensch denkt, so ist er." Er ist das, was er selbst glaubt zu sein, wenigstens für sich selbst, im Allgemeinen aber auch in den Augen anderer. Der Mensch, welcher sich selbst vertraut, wird auch anderen Glauben und Vertrauen einflößen. Alle, welche arm und erfolglos im Leben sind, müssen erst versuchen einen Schimmer von ihrer eigenen Größe im Innern zu sehen, indem sie die wichtigste aller Sachen, den Menschen selbst, studieren. Kennen sie erst den Menschen, denn kennen sie auch Gott, denn Gott und Mensch sind eins. Die Empfindsamen, welche in sich gekehrt und schüchtern sind, müssen den Gott in sich erkennen lernen, und werden sich dann innerlich ebenso gut und groß wie ihre Mitmenschen fühlen. Sie müssen es sich zur Regel machen, anderen stets furchtlos und frei in die Augen zu sehen, indem sie sich sagen: „ich bin gerade so viel wie ihr, denn was immer ihr im innersten Wesen seid, das bin ich auch."

„Ihr sollt niemanden euren Meister nennen!" Indem wir andere unsere Meister nennen, erniedrigen wir uns, selbst in dem Grade, wie wir andere in unserer eigenen Meinung erhöhen. Den Meister, welchen wir erkennen lernen sollen, ist unsere eigene göttliche Natur, und die großen Möglichkeiten, welche in uns allen schlummernd liegen. Wenn wir das tun, dann sind wir auf der Reise nach dem „Himmelreich in uns", und wir befinden uns in Übereinstimmung mit der Großen Kraft, welche immer versucht in uns allen durchzudringen. Indem wir an uns und andern zweifeln, zweifeln wir an der unbegrenzten Gotteskraft selbst. Zweifeln wir am Menschen, so zweifeln wir auch an Gott, dem Gott im Menschen. —

Kann etwas klarer sein? Und wird nicht jetzt jeder, der diese Zeilen liest, einsehen, warum beides, der eigene

Kleinmut und die Vergötterung anderer (wenn diese den Personen selbst und nicht den Eigenschaften der menschlichen Natur gilt) der Selbstentwicklung und dem eignen Wachstum so verderblich ist? — Wie können wir hoffen, jemals den Gott in uns zu offenbaren und zum Ausdruck zu bringen, wenn wir ihn noch nicht in uns erkannt haben? — Indem wir unsere göttliche Natur erkennen und in uns aufnehmen, erfüllen wir nur das göttliche Entwicklungsgesetz, welches ist die Neigung oder der mächtige Trieb im Menschen und in der Natur nach Wachstum, Ausbreitung und Vervollkommnung vom Guten zum Besseren und Besten. Wir kommen in Einklang mit der Gottheit, und wir bewegen uns einem besseren Sein, einer größeren Glückseligkeit entgegen.

Hierdurch sehen wir auch, warum alle Religionssysteme, welche Götzenbilder zur Anbetung aufstellen, die Entwicklung der Menschen behindern. Die Kräfte und Eigenschaften, welche man diesen Götzenbildern zuschreibt, werden von den Anbetern derselben sicher nicht erworben. Die unvernünftige Hochstellung der Gründer der Weltreligionen Seitens der Priester späterer Generationen hat es zuwege gebracht, dass die abscheuliche, hoffnungslose Lehre unserer Erlösung oder Befreiung vom Übel durch andere als uns selbst aufgestellt wurde, welche erniedrigend und entsittlichend auf die Millionen der Unglücklichen wirkt, welche diesem Götzen anhängen. —

Die wahrste und reinste Religion ist die, welche dem Menschen ein e r r e i c h b a r e s Ideal vorhält, und ihn darauf hinleitet, dem Göttlichen in ihm selbst zu vertrauen. Christi Religion war eine solche Religion. Den Glauben, welchen er zu sich selbst hatte, suchte er auch anderen einzuflößen, d. h. er versuchte sie auf eine so hohe Erkenntnisstufe zu erheben, dass sie einen Blick in ihr wahres Inneres zu tun vermochten. Er versicherte beständig, dass das, was er tue, auch alle anderen zu tun vermöchten. Er wehrte auch dem Personenkultus und der Vergötterung, indem er seinen Jüngern sagte, dass nicht er, sondern die Innenkraft, der Vater die Werke tue, die er tat, und dass Er sich nur seiner (Jesu) Vermittlung bediene, und dass Er ebenso durch alle andern wirken werde, welche dieselben Gesetze befolgten die er befolgte.

„Widerstehet nicht dem Übel!" Diese weise Vorschrift ist durch die Jahrhunderte hindurch zu uns gedrungen und ist vielen Generationen gepredigt worden. Aber ach! der fleischliche Sinn, der einer reineren, geistigen Auffassung wenig zugängliche menschliche Verstand konnten die Bedeutung dieser scheinbar so unverständigen Vorschrift des Meisters nicht fassen. — „Was!" rufen sie aus, „sollen wir den Dieb oder Mörder, welche auf uns eindringen, nicht zurückstoßen?" — Gewiss sollen wir das. Wir haben auch Pflichten uns und unseren Angehörigen gegenüber, und das Gesetz der Selbsterhaltung gebietet uns, unser Leben und unser Eigentum zu schützen. Nachdem wir dies aber getan haben, sollen wir nicht noch das Übel vergrößern, indem wir den Dieb oder Mörder bestrafen. — Wie viele Übeltäter sind wohl durch Gefängnis- oder Zuchthausstrafen gebessert und als brauchbare Mitglieder der Gesellschaft zurückgegeben worden?

Die Gesellschaft hat das Recht sich vor dem Verbrecher zu schützen. Aber das beste und sicherste Mittel hierzu ist das vom Meister empfohlene: ihm zu v e r g e b e n. Statt ihn zu strafen, was die verbrecherischen Triebe in ihm nur verstärkt, sollen wir ihn a u f k l ä r e n und e r z i e h e n. „Ein neues Gebot gebe ich euch: liebt euch untereinander." Dieses neue Gebot sollte das alte: „Auge um Auge und Zahn um Zahn" aufheben. Es war das Gesetz der Vergebung, des „Überwindens des Bösen durch Gutes."

Während nun einzelne Menschen versuchen, den höheren Lehren nachzuleben, ist die große Menge bei weitem noch nicht zu christlicher Einsicht und christlichem Leben gekommen, und es fehlt noch sehr an Missionaren, welche, wie der „Gott mit uns!" furchtlos für ein höheres Licht und Leben einstehen, — auch wenn sie nicht verstanden und lächerlich gemacht werden. Möchte aber jeder unserer Leser ein Christus-Apostel werden, der die Fackel der Wahrheit hoch hält und sein Licht um die Dunkelheit hinaus leuchten lässt.

Der Staat — doch auch nur eine gewisse Anzahl von Einzelpersonen — nimmt das Recht in Anspruch, unter Umständen töten zu dürfen. Warum sollte aber der Staat mehr Recht haben wie der Einzelne? — Die göttliche Mahnung heißt: „Du sollst nicht töten!" — und dieses göttliche Gesetz findet seinen Widerhall in jeder erweckten Seele.

Wir machen einen Verbrecher nicht besser, wenn wir ihn ins Jenseits befördern. Wir machen ihm damit bloß das Leben in dieser Welt unmöglich, aber der Mann lebt weiter und mit ihm das Übel.

Wer Geisteswissenschaft im Lichte der neueren physiologischen Entdeckungen studiert hat, muss zu dem Schluss kommen, dass oftmals ein Geist durch seine persönlichen Beziehungen zu einem anderen beeinflusst wird. Die armen schwachen Seelen auf unserer Erde, welche empfänglich dafür sind, sind nur zu sehr den Einflüssen und Eingebungen verkörperter und außerkörperlicher Geister unterworfen. So wird der unbekehrte Verbrecher in jener Welt zu einer Gefahr für solche hier lebende Menschen, welche mit ihm auf gleicher Stufe stehen und gleiche Neigungen haben. Wie oft es schon vorgekommen sein mag, dass solche exkarnierte Menschen hier lebende Menschen zu schlechten Taten angestiftet haben, lässt sich gar nicht sagen. Die Kirche glaubt an die Existenz von Teufeln, welche umhergehen, die Menschen in Versuchung zu führen, während sie über den neueren Glauben, nach welchem böse entkörperte Menschen lebende Menschen beeinflussen, lächelnd hinweggeht.

Ebenso ist auch das Böse im menschlichen Herzen eine stete Gefahr für die Welt. Schaffen wir es aus der Welt, indem wir uns ihm entgegenstellen oder es mit gleich Bösem bekämpfen? — Gewiss nicht. —

Nehmen wir ein Beispiel. — Zwei Nachbarn haben Streit miteinander. Beide fühlen sich verletzt und es entsteht eine starke Spannung zwischen ihnen. Diese wird nun so lange anhalten bis einer von ihnen aufhört zu widerstreben, und nicht nur dem anderen Teile vergibt, sondern ihm auch von seinem Gesinnungswechsel Mitteilung macht. Wie schnell und willig findet man ein solches versöhnliches Wort oder ein solches Wort der Reue einen Platz beim andern Teil! — Nichts beweist mehr die der menschlichen Seele innewohnende Göttlichkeit als die Neigung Vergebung zu erbitten und zu vergeben. Mit dem Augenblick der Vergebung hören wir auf „dem Übel zu widerstehen", welches uns bedrückt hat.

Die Gabe des Nachgebens und Vergebens befindet sich in allen Menschen. Während der weltliche Geist denjenigen bewundert, welcher im offenen Kampfe seinem Gegner mutig entgegentritt, wird der christliche Geist denjenigen bewundern, welcher mutig Unrecht ertragen und vergeben kann. — Wer wird nicht den großen Neufundländer Hund bewundern, welcher es verschmäht, dem kleinen Kläffer, der ihn ärgert und am Felle zaust, etwas zuleide zu tun? Und wer kann einem Mann oder einer Frau seine Bewunderung versagen, wenn sie mit Würde und Hoheit Beleidigungen über sich ergehen lassen? —

So beweist uns ein besseres Verständnis die Vernünftigkeit und große Weisheit der Lehre von dem Nichtwiderstehen. — Wir leiden oft in Fällen, wo wir unangenehmen Zuständen widerstreben, und wo ein Nichtwiderstreben, ein Gefühl der Gleichgültigkeit oder der Liebe uns von unseren Leiden erlöst haben würde.

Hier ein Beispiel. Eines Tages stand ich auf der Straße, wo eine große Menge Volkes lärmte, um die Wachtparade mit klingendem Spiel vorbeimarschieren zu sehen, als ich eine kleine nervöse Frau neben mir bemerkte, welche von Kopfschmerz befallen zu sein schien. — Ich gab ihr den Rat eine Kindertrompete zu kaufen und in den allgemeinen Tumult mit einzustimmen. Sie warf mir einen Blick zu, der mich zu fragen schien, ob ich denn bei Sinnen sei. „Eine Kindertrompete?" fragte sie aufs Höchste verwundert. „Der abscheuliche Lärm hier hat ja meine Kopfschmerzen verursacht!"

Ich erklärte ihr, dass es weniger der Lärm selbst als das dem Lärm Widerstehen war, was einen Druck auf ihre Nerven und ihr Gehirn ausübte. Die Frau schien mich nun zu verstehen. Sie kaufte sich keine Kindertrompete, aber sie entspannte ihre Muskeln und Nerven, und ich hatte die Genugtuung, sie noch vor Schluss der Parademusik sagen zu hören, dass ich recht gehabt hätte und dass ihre Kopfschmerzen eine erhebliche Besserung erfahren hätten. Die Frau war durch meinen Rat mehr in Harmonie mit der allgemein herrschenden Fröhlichkeit gekommen, und ihre Kopfschmerzen waren verschwunden, ehe noch die Menge sich von der Straße verlaufen hatte.

Wie viel eheliches Unglück würde vermieden werden können, wenn beide Teile sich öfter mit der Weisheit der Lehre von dem Nichtwiderstreben bekannt machen wollten! — Man macht sich das Leben sauer und selbst dauernd unglücklich, weil man irgendeinem Übel widersteht.

Natürlich ist es unmöglich, in dieser Hinsicht allgemein. gültige Lehren aufzustellen. So schrieb mir neulich eine Mutter, sie könne weder mit ihrem Manne noch mit ihrer Tochter auskommen, weil beide geflissentlich ihre guten

Eigenschaften übersähen, und dass infolgedessen ein sehr gespanntes Verhältnis zwischen ihnen bestände. — Die Harmonie in diesem Fall wieder herzustellen, würde nur möglich sein, wenn die Mutter das Gute in ihrem Gatten und ihrer Tochter besser erkennen und würdigen lernen wollte, und sich beständig weigern würde das Schlechte in denselben zu sehen und auf dasselbe einzuwirken. Ist es ihr nicht möglich das Schlechte durch Gutes zu überwinden, dann soll sie wenigstens sich gleichgültig zu ihm verhalten und ihm nicht entgegentreten, denn indem sie das Übel bekämpft, macht sie es nur noch ärger.

Wenn zwei Menschen sich im Denken und Fühlen auf der gleichen Stufe befinden, ist es nicht so schwierig eine Einigung zu erzielen, als wenn der eine sich mit Vorliebe im Geistigen und der andere sich mit Vorliebe im Materiellen bewegt. Sehr häufig ist es der Fall, dass sich der Mann stark im Materiellen befindet, während die Frau sich für geistige Dinge sehr interessiert. Und nicht weniger oft kommt es vor, dass solch eine dem Geistigen zugewandte Frau einen Mann hat, welcher trinkt und spielt, sein Eigentum vergeudet und mit anderen Frauen Umgang pflegt. Unter solchen Verhältnissen scheint es recht schwer, das Gute in dem Mann herauszufinden. Die Frau widerstrebt deshalb mit aller Kraft dem Übel, und dieser Widerstand — weit entfernt des Mannes Fehler zu verbessern — treibt ihn noch weiter von ihr hinweg. Denn die Männer können die geistige und moralische Überlegenheit ihrer Frauen nicht vertragen und werden niemals ihre sittliche Minderwertigkeit eingestehen. —

Nehmen wir nun an, die Frau versuchte auch unter solchen trüben Verhältnissen gleichmütig heiter zu sein, und in dem Benehmen ihres Mannes nur den Kampf seiner tierischen Natur mit seinem göttlichen Geiste zu sehen. Nehmen wir ferner an, die Frau würde ihren festen Glauben an die

Macht ihrer göttlichen Seele dazu benutzen, um ihren Mann für sich zu gewinnen und von seinen Leidenschaften zu erlösen — und sie würde gleichzeitig jeden Widerspruch und jede nutzlose Opposition in der Sache aufgeben, — dann wird sie durch ihre beständigen Versicherungen, dass das Gute das Schlechte endlich doch überwinden wird, — zuletzt auch den Erlösungsprozess ihres Mannes, der sich ja schließlich bei jeder Person einstellt, beschleunigen.

Es erfordert eine größere Willenskraft, dem Übel in der beschriebenen Weise zu begegnen, wie ihm oppositionell entgegenzutreten! aber eine ganze Anzahl Frauen, welche die Wahrheit erkannt haben und ihr nachfolgen, oder in ihr leben, haben die Genugtuung, ihre Männer solcherart gebessert zu sehen und ihren häuslichen Frieden wieder gewonnen zu haben.

Es gehört eine beinahe übermenschliche Willenskraft dazu, um so zu handeln. Aber diese übermenschliche Willens-kraft befindet sich in jedem Menschen; wir brauchen sie nur zur Äußerung zu bringen und zu gebrauchen. Der göttliche-Wille triumphiert schließlich über alle Unvollkommenheiten und Verfehlungen, aber wir müssen auch wissen, dass derselbe in uns und in allen denen, welche wir zu erlösen wünschen, sich befindet.

Manchmal sind die beiderseitigen Fehler gar nicht groß, aber es fehlt an gegenseitiger Übereinstimmung in den Neigungen. Was den einen interessiert, lässt den andern gleichgültig. Der eine liebt vielleicht die Gesellschaft und weltliche Vergnügungen, während der andere die Ruhe und ein höheres Gedankenleben vorzieht. —

Sie haben vielleicht beide unrecht. Wenn auch die Vergnügungen der Welt keine dauernde Zufriedenheit und kein dauerndes Glück bringen, nehmen sie doch das Interesse und die Zeit vieler in Anspruch, und diese sehen mit einer gewissen Nichtachtung auf solche herab, welche ihren Vergnügungen keinen Geschmack abgewinnen können. Für sie sind diese Zerstreuungen sehr wichtige Sachen, und sie fassen ein Nichteingehen auf dieselben als eine persönliche Beleidigung auf.

Während nun ein Sich-ganz-Verlieren in materiellen Dingen bedauerlich sein mag, so finden wir oftmals auf der andern Seite, bei den Metaphysikern, eine zu große Neigung die Dinge zu verachten, welche nicht unbedingt zum Unterhalt des Körpers nötig sind. Sie versuchen, ihre Füße von der Mutter Erde hinweg zuziehen, welcher Versuch stets seine üblen Folgen zeitigt. Eine gesunde Würdigung der materiellen Genüsse ist kein Hindernis für das Wachstum der Seele, sondern rundet den menschlichen Charakter angenehm ab. Unsere Seele gleicht einer Harfe mit einer ganzen Anzahl Saiten. Wenn wir nur die hohen Töne anschlagen, dann vermissen wir die tiefen und die Harmonie, während wir beim Anschlagen ganzer Akkorde einen vollen, abgerundeten Klang erhalten. Nicht nach einer vollständigen Vernachlässigung der niederen Töne in der menschlichen Natur sollen wir streben, sondern nach einer Anpassung derselben an den Musikschlüssel des Universums. Sie sollen auf eine solche Höhe gebracht werden, dass sie mit den höheren Schwingungen im Weltall harmonieren.

Manche Frauen sind zufrieden, wenn sie ihr Leben im engsten Familienkreise verträumen können. Sie geraten damit in einen Zustand, wo es ihnen schwer fällt, mit anderen Leuten als Ihresgleichen zu verkehren. Das ist nicht das Richtige, und sie können nur gewinnen, wenn sie ihren Bekannten und ihren Gesichtskreis erweitern, und mehr Interesse an dem nehmen, womit ihr Mann sich beschäftigt. Wenn solches auch nicht gleich Veranlassung wird, den Mann zu einem richtigen Verständnis und einer richtigen Würdigung höherer Wahrheiten zu bringen, so wird es doch auf alle Fälle Mann und Frau näher zusammenführen. Es wird ein Platz geschaffen werden, auf dem sie sich treffen, und dieser Platz, wo beide harmonieren, wird sich in Zukunft erweitern. Indem die Frau scheinbar die Freuden des Mannes voll und ganz teilt, wird sie ihn auch ganz unauffällig zur Würdigung dessen veranlassen können, was besser und höher ist als seine weltlichen Vergnügungen. Mit dem Augenblick aber, wo sie ihre Interessen von denen des Mannes abschließt, geht ihr die Gelegenheit hierzu verloren.

Möge jeder Mann sich der Tatsache erinnern, dass die Frau dem Mann nicht gleich geartet ist, weder physisch noch seelisch, noch geistig, und möge er diesem Unterschied stets Rechnung tragen. Als Darstellerin der anziehenden Kraft wird die Frau natürlicherweise sich anziehender zu gestalten suchen wie der Mann im Allgemeinen. Sie liebt den Schmuck und alles Schöne, sowohl in der äußeren Natur wie beim Menschen; und dieses Schönheitsgefühl, verbunden mit einer mehr intuitiven Weltauffassung, lässt sie am Schönen, Guten und Sittlichen mehr Gefallen finden wie der Mann. Damit soll nicht gesagt sein, dass die Männer nicht auch das Schöne, Gute und Sittliche lieben, aber diese Liebe ist doch eine vorwiegend weibliche Eigenschaft. Es gibt auch viele Männer, in denen diese weibliche Eigenschaft gut ausgeprägt ist. Diese sind deshalb nicht weniger männlich, sondern nur besser entwickelt als solche Männer, die nur das Männliche zum Ausdruck bringen. —

Die Männer sollten ihre Frauen in deren Liebe für das Schöne unterstützen, statt sie ihnen zum Vorwurf zu machen, wie es so oft geschieht. Sie würden damit nicht nur das Glück ihrer Frauen, sondern auch ihr eigenes vermehren. Lasst die Frauen sich selbst und ihr Heim schmücken; sie fühlen sich dann glücklich und behaglich darin. Dazu ist durchaus nicht nötig, dass der Schmuck in Luxus ausarte. Aber die Frau verbringt den größten Teil ihres Lebens im Haus, und der Mann sollte ihr deshalb mithelfen, es so wohnlich wie möglich zu machen.

Er soll sie auch loben, wenn sie etwas gut gemacht hat. Das Gefühl des Wohlbehagens, das die Frau hierbei empfindet, wird ihm doppelt und dreifach wieder zurückerstattet. Haltet niemals mit eurer Anerkennung zurück; und wenn ihr etwas tadeln müsst, dann geschehe es in vorsichtiger Weise und in liebevollem Tone. Es bewahrt euch solches Benehmen vor unliebsamen Streitereien und vor unglücklichen Zuständen im Hause. Seid auch aufmerksam gegen die Frauen. Bringt ihnen hin und wieder eine Blume, ein Bild oder eine besonders schöne Frucht mit. Das wird ihnen gefallen und sie werden sich sagen, dass die Tage der Liebe noch nicht vorüber sind. Es wird euch dafür mit warmer Liebe gedankt werden, mit einer Liebe, die in mehr als einer Hinsicht ein fester Stützpunkt im Kampfe des Lebens für euch sein wird. — Viele Männer haben ihren geschäftlichen Erfolg ihren Frauen zu verdanken, denn es steckt eine eigene Kraft in dem Herzen einer liebenden Frau, welche auch Geld und sonstige materielle Dinge mit unwiderstehlicher Macht für ihre Lieben an sich zu ziehen versteht.

Wenn nun z. B. der eine der Ehegatten sinnliche Liebe verlangt und der andern nicht, dann soll der geistig Vorgeschrittenere der beiden bis zu einem vernünftigen Grade nachgeben, wenn es ihn auch schwer ankommt. Wir müssen immer unsere Pflicht tun, auch wenn andere sie nicht tun; und wenn wir Vergeltung für Ungehöriges üben, dann erniedrigen wir uns oft selbst.

Hier ein kleines Beispiel. — Sokrates ging einst an einem Manne vorüber, den er höflich grüßte. Der Mann erwiderte aber den Gruß nicht. Da kamen einige von Sokrates Schülern des Weges daher, und machten ihm Vorwürfe darüber, dass er den unhöflichen Mann gegrüßt habe. Sokrates aber erwiderte ruhig: „Wollt ihr denn, dass ich ebenso unhöflich sein soll wie jener Mann?"

Bei etwas weniger Selbstsucht und etwas mehr Liebe würden bald neunzig von hundert Ehen sich glücklicher gestalten. — Die Frauen sollten sich immer vergegenwärtigen, dass die Männer im Allgemeinen sich mehr nach außen zu betätigen suchen. Sie stellen das zentripetale Prinzip in der Natur dar, welche Kraft aussendet, während die Frauen mehr anzuziehen, zu sammeln und aufzunehmen suchen. Die Männer sind schon infolge ihres Geschäfts oder Gewerbes genötigt, mehr mit materiellen Dingen sich zu befassen, und ihr Fehler liegt oft in einer zu großen Liebe für weltliche Dinge und Genüsse. Den Frauen hingegen, welche abgesonderter und vor Weltlichem geschützter leben, fehlt oft eine richtige Würdigung der materiellen Dinge, und ihre mehr intuitive Natur verleitet sie oft, geistigen Dingen — zum Nachteil ihrer materiellen Wohlfahrt — mehr Wichtigkeit beizulegen als wünschenswert ist. Das tritt auch bei der Behandlungsweise mancher Metaphysiker recht auffällig zutage. Es gibt unter ihnen Leute, welche den bei manchen Leiden so wirksamen Gebrauch von Luft, Wasser, Wärme und Magnetismus ganz ausschließen. Ja, wir finden bei denselben oftmals eine vollständige Vernachlässigung der einfachsten hygienischen Maßnahmen. Das ist umso bedauerlicher, als manchmal die Missachtung dieser Maßregeln die einzige Ursache der vorhandenen Krankheit ist. Sie versuchen die Krankheit zu heilen, während sie die sie verursachenden Übelstände fortbestehen lassen.

So finden wir auch verhältnismäßig wenige Leute, welche nach allen Seiten hin ebenmäßig ausgebildet sind und einen abgerundeten Charakter besitzen. Wir zeihen andere mancherlei Fehler, welche im Grunde nur in unserer eigenen Kurzsichtigkeit liegen. Wenn wir uns nicht selbst auf einer Stufe der Einsicht befinden, von wo aus wir die Eigenschaften anderer richtig zu beurteilen vermögen, wird unser Urteil oftmals ein schiefes sein. Wir sehen die Dinge nicht von der richtigen Seite an. Um gut zu urteilen, empfiehlt es sich, sich an die Stelle desjenigen oder derjenigen zu versetzen, die man beurteilen will.

Leute, welche unter misslichen Verhältnissen geboren sind, sind leicht geneigt, die Dinge in einem trüben Lichte zu betrachten. Diese muss man ständig daran erinnern, dass die Sachen in der Regel nicht so schlimm sind als sie uns in der Einbildung erscheinen. — Damit kommen wir über manche Schwierigkeit hinweg, die uns sonst in Verlegenheit gebracht haben würde.

Endlich sollen wir uns vergegenwärtigen, dass wir alle Persönlichkeiten sind, wenn wir auch alle zusammen eine Einheit bilden, und dass niemand den andern besitzen kann. — Jeder von uns wird Fehler begehen; aber wir sind nicht verpflichtet, uns durch die Fehler anderer ins Elend bringen zu lassen, so nahe uns diese auch stehen und so teuer sie uns sein mögen.

„Die Rache ist mein, sagt der Herr." Womit gemeint ist, dass wir alle in Gottes Hand stehen, welcher unsere Wege leitet, alles Unrecht sühnt, alle Wunden heilt und alle Dinge wieder ins Gleiche bringt. Obgleich wir alle dem Weltgesetz und der Weltgerechtigkeit unterworfen sind, so sind doch diese durch eine unendliche Liebe gemildert und führen schließlich alles zum Guten.

Wenn wir irgendeine unangenehme Arbeit zu tun haben oder mit unangenehmen Leuten zusammentreffen, dann fühlen. wir uns sogleich davon abgestoßen. Wir widerstehen einem Etwas, das wir als ein Übel empfinden und leiden unter diesem Zustand. Wenn wir aber unsere schlechte Arbeit guten Mutes verrichten und den unangenehmen Leuten mit Gefühlen der Liebe oder der Gleichgültigkeit entgegentreten, dann fühlen wir uns selbst wohl dabei und tun auch anderen wohl damit. Es hängt oft viel für uns von der Art und Weise ab, wie wir den Leuten begegnen, wenn wir es auch zu der betreffenden Zeit nicht wissen.

Wenn wir bei irgendeiner Arbeit aufgeregt werden, dann werden wir dadurch behindert unser Bestes zu tun. Wir schädigen uns selbst, und unsere Hoffnung auf künftige bessere Arbeit wird dadurch herabgemindert. Alle Arbeit, welche nötig ist, ist ehrenhaft. Es ist ein gewisses Quantum Arbeit zu verrichten in der Welt, und jeder, der sich bemüht, die seine recht gut zu tun, füllt seinen Platz aus — sei er nun Holzhauer oder Staatenlenker.

Wenn wir uns unwohl fühlen, dann fangen wir, ohne es recht zu wissen, an uns zu ängstigen, wir werden körperlich und seelisch aufgeregt und diese Aufregung hindert die wiederherstellenden Kräfte in unserem Innern an ihrer Arbeit. Wie viele Leiden würden gar schnell verschwinden, wenn wir lernen wollten, das Gesetz der Abspannung und des Nichtwiderstrebens zu beobachten; denn sogleich nach Aufgabe unseres Widerstandes wird unser Innengeist von Körper und Seele Besitz ergreifen und hier Ordnung und Harmonie wieder herstellen.

Wollen wir, dass der innere über den äußeren Menschen herrsche, dann müssen wir uns vor allen Dingen für die innere Macht empfänglich machen und Vertrauen zu ihr haben. Glauben wir an die Heilkraft unseres inneren Vaters, dann öffnen wir uns dieser Kraft, oder der Tätigkeit der die Gesundheit und Harmonie wiederherstellenden Kräfte.

Unser Innerstes ist reinste, göttliche Harmonie. Indem wir uns ihm öffnen, räumen wir die Hindernisse hinweg, welche die göttlichen Schwingungen verhindern unsere physischen Schwingungen in ihren Zauberbann zu ziehen und sie auf die göttliche Ordnung abzustimmen. Dieses Aufgeben eines törichten Widerstandes, des Eigenwillens und Eigenwahns, und das Sich-Hingeben an unsere innere Kraft, das ist der Zauberschlüssel zu allem: zu Gesundheit, Glück, Weisheit und Macht. Das ist auch der innere und geheime Sinn der Worte des Meisters im Vaterunser: „ Dein

Reich komme, Dein Wille geschehe im Himmel wie auf Erden."

Gottes Sonne — seine unbegrenzte Liebe — scheint über Sünder und Heilige in gleicher Weise. Lasst es mit unserer Liebe ebenso sein: lasst uns das Böse mit Gutem überwinden.

10. Die Sakramente.

Die Seele lebt zwei Leben, ein inneres und ein äußeres. Das äußere Leben, die Gegenstände um sie herum, und die Sachen, welche ihr leibliches Wohlbefinden betreffen, nehmen sie zumeist in Anspruch. Sie bilden ihre hauptsächlichsten Freuden und ihre hauptsächlichsten Leiden. Sie jagt Schatten nach, welche dauerndere, realere Sachen verdecken oder symbolisieren. Aber häufig wird sie in mehr oder minder rauer Weise aus ihrem Traume aufgeschreckt, und ihre Aufmerksamkeit wendet sich dann dem Großen, Ewigen und Unendlichen zu, von welchem sie ein Teil ist. — Wenn uns ein großer Kummer befällt, oder wenn unser Blick sich des Nachts in dem sternbesäten Himmel verliert, oder wenn wir uns allein inmitten einer grandiosen Gebirgslandschaft befinden, dann weitet sich unsere Seele und sie fühlt die Nähe von etwas Großem und Erhabenen, das ihr sonst im Drange des täglichen Lebens nicht zum Bewusstsein kommt. Ihr eigener äußerer Körper mit seinen Sorgen und Vergnügungen wird klein und unbedeutend in Gegenwart der alles überschattenden Unendlichkeit, welche vor ihrem Auge aufdämmert.

Dieser erste Blick in das unendliche Reich des Geistes bringt der Seele Unruhe, während die vorgeschrittenere und reifere Seele in solchen Augenblicken sich in gehobenster

Stimmung befindet, und aus ihnen eine Kraft schöpft, welche sie befähigt, die Leiden der materiellen Existenz mit Leichtigkeit zu ertragen und zu überwinden. Sie nimmt einen Teil der Ruhe und des Friedens, welche sie hier empfindet, mit hinüber in ihr tägliches Leben.

Solche überirdische Genüsse, solche Blicke in eine andere Welt und eine andere Existenz, welche der Unerweckte nur gelegentlich und ungesucht erhält, sucht der weiter vorgeschrittene Erdenpilger geflissentlich durch Meditation und Selbsteinkehr, durch das „Eintreten in die Stille." — Die Schranke, welche für gewöhnlich das Innere vom Äußeren, das Geistige vom Körperlichen trennt, fällt zu solchen Zeiten weg, und die Seele fühlt sich eins mit der unsichtbaren Ursache des Weltalls. Sie macht sich empfänglich für sie und wird mit neuer Kraft und mit einer heiligen Begeisterung erfüllt, welche für ihre höhere Entwicklung so notwendig sind. Das Leben bekommt einen höheren Wert für sie und erhält eine Bedeutung, welche dem weltlich und fleischlich gesinnten Geiste vollkommen verborgen ist.

Wollen wir nun diese Bedeutung des Lebens anderen begreiflich machen, dann müssen wir Worte gebrauchen, die diesen geläufig sind, leider aber oftmals etwas anderes ausdrücken, als wir sagen wollen, denn den Unerweckten sind nur diese älteren Auffassungen der Schriftsteller über geistige Dinge verständlich.

Nirgends tritt dies klarer zutage als in den Kirchenlehren von den hl. Sakramenten. Das Zeichen oder das Symbol, welches irgendeine Wahrheit bezeichnet oder verdeckt, wird als das Wesentliche bei der Handlung angesehen. Obwohl uns gelehrt wird, dass das Sakrament „ein äußeres Zeichen für eine innere Gnade" sei, wird doch nur zu oft das Zeichen für die Gnadengabe selbst angesehen.

Der innere oder geheime Sinn der heiligen Schriften, welche von den Propheten der verschiedenen Völker niedergeschrieben wurden, wurde von den ersten Christen, den Gnostikern, den Neuplatonikern, den Rosenkreuzern, den ersten Freimaurern und sonstigen Religionspriestern nur den Eingeweihten mitgeteilt. Um nun den Religionsschülern gewisse Wahrheiten anschaulicher zu machen, gebrauchten sie eine Anzahl Wahrzeichen und sogen. heilige Handlungen. Solche heilige Handlungen wurden dann auch von der christlichen Kirche eingeführt und die hl. Sakramente genannt. Sie wurden anfänglich nur den Eingeweihten oder Priestergehilfen mitgeteilt, später allen Mitgliedern der Kirche, ob sie nun ein Verständnis dafür hatten oder nicht. — Während die eingeweihten den inneren Sinn kannten, wurde den gewöhnlichen Gläubigen nur der äußere, wörtliche Sinn mitgeteilt, die Schale oder der Buchstabe, „welcher tötet."

Es wird nun oft die Frage aufgeworfen, „warum die Kirche nicht den wirklichen inneren Sinn der heiligen Schriften lehrt." — Darauf kann man die Antwort geben: „In erster Linie deshalb, weil man Leuten, welche noch nicht so weit gereist sind, um sie verstehen zu können, sie überhaupt nicht begreiflich machen kann." Diesen gibt man so lange, bis das Verständnis für die Wahrheit erwacht, anstelle der letzteren die Wahrzeichen. Zweitens ist ein großer Teil des inneren oder ursprünglichen Sinnes der Lehren des Neuen Testaments der heutigen Kirche verloren gegangen. Endlich herrscht auch in der Kirche, wie außerhalb derselben, der Materialismus vor, so dass auch eine ganze Anzahl Geistlicher geistig nicht so weit vorgeschritten ist, um die höheren Wahrheiten, welche in den Lehren Jesu und denen der ersten christlichen Gemeinschaften enthalten sind, zu verstehen.

Ich möchte hier — selbst auf die Gefahr hin, mich zu wiederholen — noch eine kurze Erklärung oder Ausdeutung der kirchlichen Sakramente geben. Einige von ihnen haben auch eine buchstäbliche Bedeutung, welche sich auf den äußeren Menschen bezieht; aber der innere Sinn bezieht sich stets auf das Wachstum und die Entwicklung der Seele.

Der äußere Mensch ist ein Erzeugnis des Wachsens. Die Seele wird sich während ihres natürlichen Wachstums verschiedener Ebenen des Bewusstseins oder verschiedener Bewusstseinszustände bewusst. Sie bildet sich in dem Leibe der Mutter einen materiellen Körper, und führt in diesem zunächst ein unbewusstes Leben. Ihr Wirkungskreis ist hier ein sehr beschränkter und ihre Erfahrungen sind zumeist von denen der Mutter bedingt. Aber sobald sie diese ihre erste Welt verlassen hat, und in eine andere, viel größere Welt eingetreten ist, dann macht sie eine große Menge Erfahrungen, welche ihr eine neue Ebene des Bewusstseins eröffnen. Sie ist dann, wie man zu sagen pflegt, zum Bewusstsein erwacht oder lebt auf der bewussten Ebene. Das ist ihre erste Geburt. Im Gange ihrer weiteren Entwicklung muss sie aber in ein noch höheres Bewusstsein, in das geistige oder übersinnliche Bewusstsein hineingehören werden. Das ist dann die zweite Geburt oder die Wiedergeburt, von der das Neue Testament spricht.

Zuerst kommt ihr nur dann und wann eine Mahnung zu oder sie erhält einen Wink, welcher auf die Existenz eines anderen Reiches hinweist, und welcher sie veranlasst, dem ihr bisher verborgen gewesenen Reiche nachzuforschen. — Ihre Erfahrungen auf der materiellen Ebene haben sie mehr oder weniger unbefriedigt gelassen; sie waren immer ein buntes Gemisch von Leiden und Vergnügen. Sie möchte nun eine bessere Kenntnis von ihrer Natur und ihrer zukünftigen Bestimmung erhalten. Sie hat in ihrem Leben manchen Fehltritt begangen, der Not und Elend über sie gebracht hat, und nun schreit sie zu dem unbekannten Gotte um Befreiung von ihren Leiden. Das ist der Zustand wahrer Reue.

In solchen Fällen versuchten nun die ersten Christengemeinden ihren Mitgliedern mit Rat und Tat beizustehen und legten den Hilfesuchenden ans Herz, eine sorgfältige „Gewissensprüfung" vorzunehmen.

Der Hilfe suchende Sünder wurde ermahnt, über die Unzulänglichkeit aller rein weltlichen Vergnügungen nachzudenken. — Indem er seine Verfehlungen ausführlich überdachte, wurde der Wunsch, sich derselben künftig zu enthalten, in ihm gefestigt. — Die Kirche baute auf dieser Gepflogenheit später die heutige Beichte auf, und erhob dieselbe dann zu der Würde eines Sakraments. Dieses erzwungene Sündenbekenntnis wirkt aber auf alle feinfühligen Menschen abstoßend, während es für das gemeine und ungebildete Volk sein Gutes haben mag. Denn den gemeinen Neigungen des letzteren wird ohne Zweifel durch diese Einrichtung ein Zügel angelegt, und sie gibt auch den wahren Religionslehrern Gelegenheit ihre Pflegebefohlenen zu warnen und sie zu einem besseren Leben zu ermahnen.

Aber der Zwang in dieser Sache sollte bei zivilisierten Völkern abgeschafft werden. Alle Kirchen, mit Ausnahme der katholischen, haben dies auch bereits getan, und letztere mag damit wohl nur deshalb zögern, weil ihre weniger entwickelten Angehörigen in Spanien, Griechenland, Russland und Asien dieser Einrichtung noch bedürfen.

Die anglikanische Kirche stellt es in das Ermessen ihrer Mitglieder, zu beichten oder nicht zu beichten, und gibt so den weniger intelligenten unter ihnen Gelegenheit, sich bei dem Priester geistlichen Rat zu erholen. Aber das ursprüngliche Sündenbekenntnis wurde nur Gott allein gemacht. Es bestand in einem Nachdenken über die begangenen Sünden, welches solange fortgesetzt werden sollte, bis der Wunsch, hinfort nicht mehr zu sündigen, zum Durchbruch gekommen war. Dieser Brauch bildet noch heute in einigen christlichen Gemeinschaften einen Teil des Gottesdienstes, und wird auch den Novizen beim Eintritt in gewisse Orden des Ostens zur Pflicht gemacht. Er hat ohne Zweifel in der Ausbildung der Seele seinen berechtigten Platz.

Wenn die Reue ihren Einzug in das Herz des Gläubigen gehalten hat, dann überkommt ihn ein ganz neuer Geist. Es ist der Geist der Taufe, welcher den Menschen antreibt, seine Seele von allen unsittlichen Neigungen zu reinigen. Die wahre Taufe und Reinigung ist deshalb nicht etwas, was der Seele durch ein äußeres Zeichen, durch ein Untertauchen oder ein Besprengen mit Wasser mitgeteilt werden kann. Sie muss durch eigene Anstrengungen erlangt werden. Wenn sie durch die Anwendung irgendeiner Zeremonie möglich wäre, dann würde sie einen Akt der Magie darstellen. Der Trinker z. B. wird, nachdem er getauft worden ist, immer noch an den Folgen seiner Trunksucht zu leiden haben: die erhaltene Vergebung wird dieselben nicht fortwischen. Ist aber seine Reue eine wahre, welche ihn in Zukunft vom Trinken abhält, dann werden auch früher oder später die Folgen seines Trinkens gänzlich verschwinden.

Die Taufe, d. i. Reinigung, führt nun zur zweiten Stufe im Wachstum der Seele, zur heiligen Kommunion.

Das Essen von Brot und das Trinken von Wein können aber zu einer Vereinigung mit Gott nicht führen, da wir bereits mit ihm verbunden sind. — Wir sind immer eins mit der Quelle unseres Seins, denn nichts kann bestehen außerhalb Gottes. „In ihm leben wir, bewegen wir uns und haben wir unser Dasein." Der Vorgang der Vereinigung mit der Gottheit, wie er in der Zeremonie der hl. Kommunion symbolisiert wird, kann deshalb nur ein B e w u s s t w e r d e n unserer Vereinigung mit Gott bedeuten. Der Sünder kann nur glauben, dass er eins mit Gott ist, d. h. er kann dieser Grundwahrheit zustimmen. So lange er aber seinen unsittlichen Lebenswandel nicht aufgibt, hat er nicht das Gefühl oder das Bewusstsein von seiner Einheit mit dem Vater, welcher die Quelle aller Kraft ist, und die höheren Kräfte sind in ihm nicht erweckt worden, d. h. sie können sich nicht durch ihn offenbaren.

Wenn aber die Taufe eine wahre war, wird ihr die hl. Kommunion unfehlbar folgen, und diese führt dann zum wahren pfingstlichen Zustand, oder zur Taufe mit Feuer und Geist. Die Kirche hat dieses Stadium oder diese Stufe um der Entwicklung der Seele durch die Zeremonie der Konfirmation dargestellt. Mit dem wahren Abendmahl ist eine Teilnahme an dem Leben und dem Geiste Christi gemeint, in welchem alle höheren Kräfte der Seele eingeschlossen sind. Durch das Abtun aller sittlichen Unvollkommenheiten reinigen wir unseren Körper und unsere Seele bis zu einem Grade, wo wir in Übereinstimmung oder in Gemeinschaft mit der unsichtbaren Kraft kommen, welche Jesus den Vater nennt. Unser lebhafter Wunsch, eins mit dem Vater zu werden, ihn wahrhaft zum Ausdruck zu bringen, öffnet uns ganz seinem Geiste und macht uns zu Medien und willigen Werkzeugen des Höchsten. Wir befinden uns alsdann in einem Zustand, welchen wir die göttliche Ehe der Seele mit dem Geist nennen. Die zwei sind nun eins im Leben, im Bewusstsein und bei jedem Vorhaben. Der Wille des Vaters geschieht durch die Seele, und das Himmelreich ist zu ihr gekommen.

Die sieben Gaben des Geistes werden sich immer in solchen Seelen zeigen, in welchen die göttliche Ehe Wohnung genommen hat, je nach deren besonderen Streben oder natürlicher Neigung. Der eine wird ein großer Heiler, der andere ein Lehrer, ein dritter ein Prophet, noch ein anderer ein Hellseher usw. Wieder andere mögen alle diese Gaben in hohem Grade in sich vereinigen. Die Gaben des Heiligen Geistes sind die „Früchte, die ihnen nachfolgen." Sie sind die natürlichen und naturgesetzlichen Folgen der höheren Taufe mit Feuer, mit jenem schöpferischen Feuer, das das Weltall erschaffen hat und erhält.

Das Bild des Vaters wird enthüllt in allen den wahren Söhnen Gottes, welche sich bis zu seiner Vollkommenheit durchgerungen haben. Allen diesen wird von unsichtbarer Hand die Priesterweihe erteilt mit dem Gebot: „Gehet hin und predigt allen Völkern, was ihr gesehen, gehört und erfahren habt." Die Seele fühlt sich nun als König und Priester; als ein König, der selbstherrlich über seine eigenen und die Kräfte der Natur herrscht, und als ein Priester, der die Krankheiten der Menschen heilt und ihnen die Wahrheit verkündigt.

Eine kirchliche Weihe kann keinen Menschen zu einem wahren Priester machen, wenn er sich nicht schon innerlich zu etwas Höherem berufen fühlt. — Die Seele, welche ihre Einheit mit Gott und den Menschen fühlt, fühlt auch ihre Verantwortlichkeit den Menschen gegenüber. Sie sucht deshalb die Wohlfahrt der ganzen Menschheit zu fördern. Jeder Ehrgeiz wird in den Dienst der Allgemeinheit gestellt, und die erleuchtete Seele wird zum bescheidenen Diener der Menschheit. Das ist auch das Ziel, welchem jede wahre Einweisung den Religionsschüler zuführt. Es ist ein natürlicher Zustand, in welchen die Seele kommt, wenn sie die Geisttaufe empfangen hat, die Taufe mit dem Gottgeiste, welcher selbstlose Liebe und Hingabe an die Wohlfahrt seiner Geschöpfe ist.

Wenn wir ihm gleich werden, werden wir auch so liebevoll wie er; wir vergeben unseren Beleidigern und tun Gutes denen, die uns hassen und verfolgen. Lasst uns deshalb die Sakramente in ihrer wahren Bedeutung betrachten: als Grade oder Stationen, welche jede Seele erreichen muss auf ihrem Weg zur Vergöttlichung. Wir brauchen die Symbole nicht wegzutun, aber wir sollen uns immer die Wahrheiten vergegenwärtigen, welche sie verbergen. Wenn wie das tun, werden sie uns eine Hilfe sein, um das letzte Ziel der Vollkommenheit zu erreichen, wo die siegreiche Seele die Meisterschaft über sich selbst und die Natur erreicht hat und wo sie mit Paulus jubelnd ausruft: „O Grab, wo ist dein Sieg, o Tod, wo ist dein Stachel!"